東大1年生が学んでいること

東大カルペ・ディエム
監修 西岡壱誠

星海社
331
SEIKAISHA SHINSHO

はじめに　東大が考える「教養」とは何か

「東大生って、さぞ難しいことを学んでいるんだろうな」

多くの人から、そんなことをよく言われます。

東京大学といえば、過酷な受験戦争を勝ち抜いた人だけが入れる、日本で偏差値トップの大学です。そんな大学に合格した東大の学生たちは、きっと大学でも難しいことばかりを学んでいるんだろう、と想像している人は多いのではないでしょうか。

実際、東大の授業は難しくないわけではありません。専門的な勉強に触れることもしばしばありますし、研究の最先端を走る先生が本気を出して学生に悲鳴を上げさせることもあります。

しかし、東大生に話を聞くと、**「難しい」ではなく「楽しい」という声が圧倒的に多い**です。受験勉強を乗り越えた先で待っていたのは、自分の知的好奇心をくすぐられるような楽しい勉強だった、とたくさんの東大生は言います。

なぜ勉強が楽しいのか？

いろんな理由がありますが、東大のシステムも大きく関係しています。**東大には、他の多くの大学と違って「前期教養学部」という課程があります**。法学部志望の人も医学部志望の人も等しく、1、2年生の間は前期教養学部の学生として、それぞれの専門に進む前に、さまざまな分野を文字通り「教養」として勉強するのです。理系の人も文系の授業を受け、文学部志望の人も医療系の授業を受けることができます。「リベラルアーツ」を学ぶことを旗印にしていて、専門的な研究に入る前にさまざまな分野に触れることを勧めるのが東大なのです。

「教養」――この言葉が取り沙汰《ざた》されるようになって久しいですね。大学の学部には横文字の「リベラルアーツ学部」が増え、本屋に行けば「大人に相応《ふさわ》しい教養が必要だ」と語る本が多くなっています。しかし、「教養」という言葉は、定義がかなり曖昧《あいまい》なものです。

では、東大は教養をどのように考えているのでしょうか？

それは、**知識を前提としつつ、その知識を現実の問題と「どう結びつけるか」を考える能力**だと言えます。東大の元総長である五神真氏は、東大の入学式で「東大入試は、最低限の知識を前提として、知識を活かす能力を問う問題を出題している」と語っていました。その言葉通り、東大は日本一難しい大学と言われているにもかかわらず、教科書の内容を丸暗記したり、参考書を何冊も覚えないと解けないような入試問題は出題されません。知識量ではなく、その知識の使い方を問うているものが多いです。そしてだからこそ、その入試を突破してきた東大生に教養を磨くことを求め、さまざまな学問を教養として修めるようなカリキュラムを作っているのではないかと考えられます。

いくら知識を持っていても、その使い方がわかっていなければ何の意味もありません。教科書に書いてあることを全部暗記していたとしても、それを現実社会で、身の回りのことと「結びつけて」考えなければ何の意味もないのです。

そして、「結びつける」ことは、学問の純粋な「面白さ」だと思います。高校までに勉強した基礎が、現実社会の問題を解き明かし、解決するための施策として応用できるというのはとても面白いものではないでしょうか。

しかも、各分野の先生から学問の一番面白いところを教えてもらえるわけです。だから、「楽しい」という感想を持つ人が多いわけですね。

また、意外な授業もあります。超マイナー言語であるヘブライ語の授業や、実際に身体を動かす体育の授業、ひたすら森林に関して研究する授業などなど。国数英理社という枠組みに囚《とら》われない、本物の学問研究がそこにはあるのです。

そしてそれらの授業は、ただ楽しいだけで終わるものでもありません。授業を受ける学生の知的好奇心をくすぐった上で、学問とはどうあるべきか、どう学ぶべきなのかをしっかり教えてくれます。


辞書もないしネットでも調べられないようなマイナーな言語をどう学べばいいか？まだまだ研究が進んでいないけれど、日本の将来のために必要だと考えられるマイナーな学問をどのように研究していけばいいのか？


そうしたことを考えさせる授業を、東大の1年生は学んでいるのです。

本書は、その一端を実体験を踏まえながらまとめた1冊です。

東大を目指す受験生の方に「こういう授業を受けられるように受験を頑張ろう」と思っていただくのはもちろん、大学生や社会人の方にも、東大という日本最高峰の大学が考える「教養」とは何かを一部でも体感していただき、さらなる学びにつなげていただければと思います。

目次

第2章 文系

第3章 理系 93

第4章 学際分野 127

第1章

語学

英語ライティング

1年生から英語で論文執筆

東京大学は学生に語学を習得させることに重点を置いています。というのも、後期課程で**専門的な研究を行っていくには、英語や、時にはその他の言語で書かれた文献を正確に読解する必要がある**からです。研究の専門性が高くなればなるほど、日本語で書かれた情報が少なくなるため、これは当然のことだといえます。

さらに、日本のみならず海外でも活躍する人材を育てるためにも語学が必須であることを東大は強調しており、必修科目でも語学を活用するための技術を磨く授業が多いです。英語の読解力を上げる「英語一列」、英語を用いて専門的な勉強をする練習の「英語中級」、英語で論文を書くための「ＡＬＥＳＡ」など多岐にわたりますが、本書では「ＡＬＥＳＡ」と「ＦＬＯＷ」をご紹介しましょう。

ＡＬＥＳＡ（アレサ、Active Learning of English for Students of the Arts）は、文科の1年生を対象にした必修の英語ライティングの授業です。英語ライティングといっても、単純な英作文やエッセイなどを書く練習をするわけではありません。**1年生でいきなり、本格的な研究論文を書く**練習をするのです。これは英語論文の書き方だけでなく、研究の進め方や発表の段取りなどといった、将来的に研究論文を書いて発表する際に必要となるスキルの基礎を、1年生の時点で実践的に身につけておくことを目的としています。

10〜15人規模のクラスにネイティブの先生が1人つき、授業中の先生の説明や配布される資料、学生の発表やディスカッションがすべて英語で進められます。ネイティブといってもアメリカ人やイギリス人の先生だけでなく、様々な文化圏出身の先生がいます。これもまた、学生が多様な価値観に触れ、将来の研究の場で色々なアクセントの英語に対応できる力を身につけるようにするためだと思われます。私が受けたクラスの担当は、スペイン系のルーツを持つ先生で、独特のなまりがある英語だったので少し聞き取るのに苦労しました。

夏学期、あるいは秋学期のどちらか13週間にわたって、1500語程度の英語の論文を完成させることがゴールです。

最初に論文の構成や書き方、参考文献の探し方、文献の引用の仕方や剽窃《ひょうせつ》（他人の作品や論文の内容を盗んで、自分のものとして発表すること）に関する注意などのガイダンスを受けたのち、各自がテーマを決め、途中で論文の各パートを提出しては先生からの添削を受けて推敲を重ねながら、完成を目指します。また、同じクラスに振り分けられたメンバー同士で論文を見せ合って意見を交換するピア・レビューも行います。もちろんこれもすべて英語です。最後には論文を発表する機会もあるので、スライドを作成して予行演習を重ね、プレゼンの本番に臨みます。論文の出来だけでなく、課題の提出状況やプレゼンのパフォーマンスも評価対象になるため、準備に追われることが非常に多い授業です。

期限までに論文が提出できない、あるいは評価が低いなどの理由で単位を落とすと、必修科目なので2年生になってから再履修しなければいけません。東大の必修科目の中でもこのALESAはトップクラスに大変な授業で、単位を落とす人が毎年一定数います。初回の授業でクラスの全員が自己紹介した時に、私のクラスには2年生が4人もいることがわかり、一筋縄ではいかない授業なのだとすぐに気合いが入りました。他のメンバーも同じように感じたのか、私も含めて一緒になった1年生はみなしっかりと準備したうえで授業に臨んで、無事にクリアしました。

ALESAは1年生の時に受けた授業の中で一番大変で、しかも一番達成感がある授業でした。

まず、アカデミックな文章を書く経験が初めてだったので、ＡＬＥＳＡは自分が大学生になった実感が湧《わ》いてきて、一番ワクワクした授業でした。

“Previous studies have proven that … ”（これまでの研究では～だと証明されている）や、“The fact that … is now widely accepted.”（～という事実はいまや広く受け入れられている）など、英語論文特有の表現を教わって実際に書いていると、**何か研究者としての第一歩を踏み出したような、自分が大人になったような気持ち**になりました。

肝心な論文の内容ですが、筆者はもともと言語に興味があったので、テーマは「ヘブライ語の復活の歴史」にしました。ヘブライ語はイスラエルの公用語ですが、もともとは古代のイスラエル国家が消滅してから現代に至るまでの約２０００年間、誰も日常生活で使わない消滅していた言語でした。それがいかにして現代に復活したのかがテーマでしたが、やはり１５００語の英文を書くのはかなり骨の折れる作業でした。大学入試の英作文が１００語前後、英検１級の英作文問題が２００～２４０語のボリュームであることを考えると、大学１年生の時点で１５００語ものまとまった文章を英語で書くことがいかに大変か伝わるのではないでしょうか。授業が進んで論文の提出期限が近づいてくるにつれ、東大生の間では挨拶《あいさつ》代わりに「ALESAどう?」とお互いの進捗《しんちょく》を確認し合うのが定番の光景になります。

また、論文を書き上げてもそれで終わりではなく、先述のようにプレゼンと、その後の質疑応答も待ち構えています。「これはどういうことですか?」「なぜそう断定できるのですか?」など、先生や同じクラスの学生からの鋭い質問に対して、きちんと答えられなければいけません。あいまいな返答になってしまうと、調査が甘いとして減点対象になります。正に「1年生のためのプチ学会体験」といった感じで、緊張感はありますが、その分やり終えた時の達成感は何とも言えず心地よいものでした。私は論文執筆はもちろん、プレゼンの練習もかなり力を入れて何度もやったので、成績表で上位10%の人に与えられる「優上」の評定がついているのを確認した時は、大きな喜びと安堵《あんど》感でいっぱいになりました。

自分で論文を書いたり発表の準備をするのも楽しかったですが、他の東大生のプレゼンを聞いたり論文を読んだりするのも非常に面白い経験でした。東大生は好奇心が旺盛《おうせい》で、自分が興味のある分野はとことん突き詰めて調べたり、強いこだわりを持ったりしている人が多いです。そんな人たちのプレゼンや研究は、自分の視野や興味・関心の幅を広げてくれるものばかりで、飽きることがありませんでした。

さらに、過去の先輩たちがALESAで書き上げた論文の中で、特に優れたものをまとめた『Pensado』という冊子もあります。「日本における『恥』の文化とは」、「ハンガリーとポーランドにおけるポピュリストの台頭について」など、本当に1年生が書いたのかと思わされるほど素晴らしい研究がたくさんあり、自分でもこんな論文が書けるようになりたいとやる気につながりました。

この授業の意義を今振り返ると、一番大きかったのは**大学レベルの英語を扱う基礎体力**がついたことです。筆者は文学部の英語英米文学科に進みましたが、英文科の卒業論文は、英語で書く場合は7500語程度の長さで提出しなければいけません（日本語で書く場合は2万字程度）。つまり、単純にＡＬＥＳＡの5倍の量を書くわけなので、4年生からすると「ＡＬＥＳＡぐらいでヒーヒー言っているようではダメだよ」ということになります。そのぐらい、英語で論文を書くということに耐性がつくわけです。また、論文特有の構成や言い回しを書きながら学ぶことで、読む時にもその知識が活かされてスラスラと理解することができるようになりました。

もう1つ収穫だったのは、アカデミックな世界でのマナーを1年生ですぐに学べたことです。文章の書き方や引用文献の記載方法もそうですが、特に剽窃《ひょうせつ》については、1回でもやれば即退学もあり得るほど重いことだと教わりました。何年も前から大学生のレポートや卒論でのコピペが問題になったり、今では生成ＡＩの利用についても議論が分かれたりするところですが、やはりまずは自分の手で、きちんとルールを守った文章を書く力は大前提となります。大学生活では何度もレポートや論文を書く機会があるので、東大のカリキュラムにＡＬＥＳＡが組み込まれている意味がよくわかりました。

英語スピーキング

論理的思考力を英語で鍛える

続いては、東大英語の中でも、**英語での議論・討論ならびにスピーキングに重点を置いた授業「FLOW」**をご紹介します。

FLOWは“Fluency-oriented-workshop”が正式名称で、1ターム（7週間）の間、毎週英語で積極的なディスカッションを行う授業です。担当する教員によって授業内容は異なりますが、基本的には外国人の講師が担当で、事前に英語の動画や論文が課題として与えられ、それに関して英語でディスカッションをしていきます。

筆者の受けたFLOWは、毎週TED（アメリカとカナダの非営利メディアで、各業界の著名人が英語でプレゼンテーションするもの）を事前に視聴してきて、そのプレゼンに関する自分の意見をディスカッションする授業でした。英語に慣れていない人にとっては、スピーキング自体のハードルがかなり高いです。それに加えて、授業内ディスカッションのトピックは専門性が高く、難しい語彙《ごい》や論理的な意見を英語で正確に言わなければいけないため、さらに難易度が高かったです。しかし、そんな内容でも、自分と一緒に授業を受けた東大生はペラペラと英語を喋《しゃべ》れる人が少なくありませんでした。というのも、普段から学術的な英語の文献や映像に触れていたり、学外の活動で英語でのディベートに参加していたりする人もいたためです。東大生の熱量のすさまじさを実感しました。

ＦＬＯＷで出される課題はそこまで重くはないものの、毎週一定の時間を英語のリスニングとスピーキングに費やすことになるため、英語力が格段に成長します。自分の受けた授業では毎回、３分ごとにペアを替えながら、指定されたトピックについて話す、というコーナーがありました。トピックは地球温暖化や教育格差、フードロスといった社会問題であることが大半でした。最初は3分間で話していた内容が、何回かペアを替えていくごとに2分、1分とどんどん短く、かつ正確に意見を述べることができるようになっていきます。**これは英語力の向上に大きく貢献していることは間違いないですが、それ以上に、論理的思考力を鍛えることにも強く貢献していた**と感じます。また、他の東大生達と一緒にディスカッションするという点でも非常に有意義な経験でした。東大生の中には社会問題に深く関心があったり、学外で問題解決に取り組む人も多く、そういった人の生の意見を聞くことで知見が広がり、社会問題をより理解することに役立ちました。

この授業から学べたことは数知れません。英語そのものが、日本では中々ない濃度の実践経験で鍛えられ、のみならず論理的思考力、自分の脳内の考えを相手に発信する言語化能力、自分の意見をよりコンパクトにしていく要約力など、様々な能力が向上しました。

この経験を経て自分が理解したのは、**東大生にディベート系のサークルや活動をしている人が多い**理由です。東大には弁論系のサークルが存在し、結構な人がそこに所属します。他にも学外の討論イベントに参加したり、高校の頃からディベート系の活動をしていたりする人が少なくありません。この授業の鍵となる論理的思考力、言語化能力、要約力は東大入試でもよく問われる能力です。東大生は普段から、時には高校生のうちからディスカッションの経験を積んで、議論をする能力が養われており、それが東大生たる所以《ゆえん》ではないかと、この授業を通して再確認しました。

自分の受けた授業では、期末試験はなかったものの、授業の最終回で、2人組で自由にテーマを決めて英語でプレゼンをしました。プレゼンの方法もペアごとに多様で、オーソドックスな形式のペアもあれば、対話形式のペアや、中にはコント形式で発表しているところもありしました。「どうしたらオーディエンスに情報がより伝わるか」、プレゼンの内容のみならず、プレゼンの方法までも凝っている点が東大生らしいと言えます。

フランス語

語学知識にとどまらず、第二外国語で世界の広さを体感する

東大では1年生の必修科目として、第二外国語の授業があります。フランス語、ドイツ語、スペイン語、中国語、ロシア語、韓国朝鮮語、イタリア語から選択し、言語によってクラス分けがなされます。このクラス分けは、自分が選択した言語の授業を一緒に受けるメンバーを決めるだけのものではありません。中学や高校と同じように、他の必修科目も一緒に受けたり、学園祭で出し物をしたりする単位としてのクラスです。**語学クラスのメンバーで入学前に合宿に行ったり同窓会をしたりする**ため、東大生にとっては合格後初めての大きな選択と言えるでしょう。

クラスは毎年同じように存在するので、1学年上にも「同じ名前のクラス」の先輩方がいます。1学年上の同じクラスを「上クラ」と呼び、彼らが新入生である「下クラ」のサポートをしてくれるという仕組みになっています。入学直後の手続きから履修登録、親睦旅行（オリ合宿）のセッティングなど、様々な場面でサポートを受けることができるので、クラスによって新入生が大学生活に馴染みやすくなっているのです。また、クラスのメンバーは出自も進路も様々なので、実に多様な友人関係を得ることもできました。これも、東大がクラス制度を設けている狙いのひとつなのではないかと思います。

筆者が選んだフランス語は、スペイン語と並ぶ人気の言語で、毎年2割強の人が選択します。「初級」と銘打ってはいますが、授業はすべてフランス語で行われ、リーディング・ライティング・スピーキング・リスニングの4技能を習得します。最終的にはフランス語検定3級合格レベルの運用能力を身につけることを目指していますが、これは英語に置き換えると中学校卒業程度、英検3級合格レベルに相当します。単純に考えると、中学で習う英語の3倍のスピードで授業が進む計算です。加えて、東大の授業は夏学期・秋学期ともに13週間しかありません。つまり、**中学校3年間で身につける英語の内容を、半年で終わらせてしまう**ようなものなのです。

筆者の知り合いで早稲田大学から東大に入り直した人がいましたが、「同じ第二外国語のフランス語の授業なのに、進むスピードが早稲田の倍くらい速くてびっくりした」と話していました。それほど難しいので、東大生でもついていけなくなる人が毎年一定数います。筆者は夏学期の時点でギリギリ赤点回避のレベルで、このままだと秋学期の試験は落第して、次の年にもう一度同じ授業を受ける羽目になってしまうと、秋学期は必死に勉強し、年末年始に帰省した時も毎日復習していた覚えがあります。

ただ、東大生の間では教え合いの風潮が当たり前にあるので、教室内ではフランス語の勉強が進んでいる人が遅れ気味の人に教えてあげるという光景がよく見られましたし、私も助けてもらうことがありました。

そんな難しい語学でも、クラスの上位2割くらいは自分でどんどん勉強を進めて中級レベルまで到達しており、演習の授業でネイティブの先生と普通に会話をしていたのを見て、東大生の学習意欲と能力の高さも印象的でした。

この危機感の共有と親身な教え合いのおかげでクラスの一体感は強く、学園祭の時にクラスのみんなでやったチュロスの出店は大成功に終わりました。最初は授業についていくのが大変でしたが、秋学期の試験が終わってもうクラスのみんなで授業を受けることもなくなると思うと、寂しい気持ちになりました。

授業の中身に関して一番面白いと感じたのが、食肉に関する話です。

言語は文化を反映するとよく言われますが、英語で牛肉はbeef（ビーフ）、豚肉はpork（ポーク）、羊肉はmutton（マトン）と言いますよね。実はこれ、全部フランス語に由来する単語なのです。一方、それらを家畜の動物として呼ぶ時は、牛はcow（カウ）やox（オックス）、豚はpig（ピッグ）、羊はsheep（シープ）という違う言葉を使います。これらは元から英語として使われていた語です。

なぜ食肉と家畜で単語が全く違うのでしょうか？

それにはイギリスの歴史が関係しています。イギリスは11世紀にフランス語を話すノルマン人に征服され、貴族や支配階級は英語の代わりにフランス語を使うようになりました。当時肉を食べることができるのは、上流階級の人たちのみでした。だから食肉は上流階級の言葉であるフランス語で呼ばれました。一方、その肉を提供するために家畜の世話をするのは一般庶民です。彼らはフランス語ではなく、元の英語そのままで家畜を呼んでいたわけです。したがって食肉と家畜の呼び方でそれぞれ違いが生まれ、今日まで定着したというわけです。

このように、肉と動物を別々の単語で呼ぶのは世界的に珍しいケースだそうです。同じような理由で、特に政治や料理、芸術などの分野では、今も多くのフランス語起源の単語が英語に残っています。

私はもともと英語が得意で、英単語を勉強していてフランス語起源のものが多いことには気づいていましたが、このような歴史が背景にあることは知りませんでした。違う言語を勉強することによって、新しい視点で物事を見ることができるようになるのが、語学の面白いところだと思います。

それを一番実感したのは、授業で『星の王子さま』を原文で読んだ時でした。例えば、"On ne voit bien qu'avec le coeur. L'essentiel est invisible pour les yeux."（心でしかよく見えない。大切なものは目で見ることはできない）という、王子さまが故郷の星に残してきた、大事にしていたバラに対する愛情を初めて自覚したときにキツネが語る有名な言葉があります。"l'essentiel"は「大切なもの」と訳されることもありますが、元のフランス語をたどると「本質的なもの、最も重要なもの」という意味になり、王子さまがバラにかけていた時間の長さと愛情の深さがより端的に感じられます。もともと翻訳で読んだことがありましたが、やはり原文の方が作者の意図したニュアンスがダイレクトに伝わってくる感覚があり、より味わい深く読めました。

このように、元の言語でしか汲み取れないニュアンスというのがどの言語にもあります。英語だと身近すぎてつい忘れがちになるのですが、**新しくフランス語に触れたことで、異なる文化や価値観**についても自然と理解が深まり、文法や単語の知識に留まらない多様な視点が身につきました。

トライリンガル・プログラム（TLP）

1年で実用レベルの外国語を習得

トライリンガル・プログラム（TLP）とは、日本語、英語に加えて**第二外国語を本格的に学び、1年で実用レベルの外国語を習得する授業**です。TLPに所属すると、通常の第二外国語の授業とは別に、外国語のネイティブ教員などによる演習授業を受けることになり、他大学とは比較にならないほど速いペースで授業が進んでいきます。加えてTLPコースは、演習授業とは別に、国際研修という海外研修が行われることが多く、学習した外国語を実際に海外で使用する環境にも恵まれています。現在は、中国語、ドイツ語、フランス語、ロシア語、韓国朝鮮語、スペイン語の計6か国語で開講されています。

授業の内容については各言語ごとに異なりますが、今回は筆者の体験したフランス語TLPについてご案内します。

フランス語演習の授業では、フランス語のテキストを参照しながら、**会話形式やゲーム形式など**様々な形で実践的なフランス語を学んでいきます。教室で一方的に先生の話を聞きながら、外国語の文法を習うというような、伝統的な言語学習の形とはまったく異なり、とにかく**「遊び感覚」で外国語を学んでいく**ところに特徴があります。ネイティブ教員が授業を担当するときも、日本人教員が授業を担当するときも、基本的にはフランス語のみで授業が行われ、もしフランス語で理解できないことがあっても、質問をするにもフランス語が求められるというスタンスで進んでいきます。

驚くことに、大学1年生の初回の授業から、オールフランス語です。筆者が最初の授業に出席したときは、何もフランス語を理解しておらず、Bonjour（ボンジュール）というフランス語の挨拶すら知らない状態でした。それなのに、フランス語の先生は、初回から私に対して、Bonjour! Bonjour! Ça va bien? Comment tu t'appelles?（こんにちは！　調子はどうですか？　名前を教えてください）と聞いてきました。Bonjourが挨拶の言葉っぽいことは、雰囲気から察することができたのですが、それ以降については一切理解できず、フリーズしてしまった思い出もあります。

こうして、とにかく「フランス語を使うこと」に重きを置いた授業を通して、学生は1年程度でフランス語をマスターしていきます。

「そんな短期間で外国語をマスターできるの？」と疑問に思われるかもしれません

が、TLPでは実質的に留学と同じくらい外国語に触れる環境が整っているため、飛躍的に語学力が伸びていきます。例えば、フランス語TLPでは、教員の好意で、授業外の昼休みの時間には、「しゃベランチ」というフランス語練習の場が設けられていました。このしゃベランチでは、TLP1年生や2年生のみならず、TLPを卒業した3、4年生、さらにはフランス語のネイティブ教員たちがお弁当を持ち寄って、フランス語で会話を楽しみます。フランス語に慣れていない1年生でも、TLPの先輩たちの補助を受けながら、フランス語を話す練習ができるため、日本にいながらも、留学して言語を学ぶのと同様の体験をすることができます。

また、ハロウィンやクリスマスにはパーティがあるなど、魅力的な企画も多く、フランス語を楽しみながら勉強したい学生にとって最適な環境が整っています。外国語を学ぶときは、話し相手がいない、一緒に勉強する仲間がいないといった理由で挫折《ざせつ》してしまうことがよくあると思うのですが、とにかくフランス語仲間が増えていく環境が用意されており、フランス語を学ぶモチベーションを保てるというのが魅力です。

先ほど軽く述べたように、授業内容もユニークなものでした。外国語の授業と聞くと、多くの人は座って教科書を読んだり、問題を解いたりする光景を想像すると思うのですが、ＴＬＰの授業では、かなり変わった光景が広がっていました。

フランス語で即興劇をしてみたり、フランス語のボードゲームやカードゲームをしてみたり、ある意味「授業らしくない」遊びを通じてフランス語を学んでいきます。例えば、即興劇では、デートプランを提示して相手の合意を取り付けたり、レストランでクレジットカードが使えなかったときに店員に文句を言ったり、郊外に引っ越したい人におすすめの物件を紹介したり、日本語でも難しそうな会話の練習をたくさん経験しました。例えば、店員に文句を言う即興劇はどんな感じかというと、

「すみません、本店は現金払いしか対応していないので、現金で支払いをしてください」

「え、現金しか使えないなんて知りませんよ！　クレジットカードでしか払えません」

「それじゃあ、現金を持っていないのに飲食をしたってことですか？　食い逃げするつもりなら許しませんよ！」

「失礼だな！　クレジットカードなら払うって言っているでしょう」

「それは無理です。現金をおろしてから、もう一度店に支払いに来てください！」

「現金をおろすって、ここから銀行は遠いんですよ？　交通費はどうしてくれるんですか！」


といった会話をその場で考えながらフランス語で話していくのです。日本語であれば絶対に言わないようなことも、フランス語を使うようになると言えるようになったり、**そもそも会話するときの頭の使い方が変わったりする**など、即興劇から学べることはたくさんありました。こうした授業では、普通は教科書で習わないような表現も含めて、非常に実践的なフランス語を学ぶことができるので、フランス人と会話したり、フランスで生活したりしたときには、大変役に立ちました。

「好きこそ物の上手なれ」と言われるように、とにかく面白くフランス語を学ぶことができるので、ＴＬＰコースには、東大の授業の中でも屈指の魅力があると思います。

さらにＴＬＰコースでは、授業で学んだ語学力を、世界を舞台に国際研修という場で実践できるのが特に面白い点です。フランス語ＴＬＰでは、大学1年生の冬にパリ・リヨンへの国際研修、大学2年生の夏にパリとアンジェへの国際研修と、合計2回の研修プログラムが用意されていました。

2年生夏の国際研修では面白い出来事が起こりました。研修では世界各国からフランス語を学びに来たメンバーと一緒にフランス語の集中授業を受けることになっていて、フランス語のレベル別にクラス分けされました。筆者はてっきり「外国人と一緒にフランス語を勉強できる」と思っていたのですが、なんと振り分けられたクラスはほとんどＴＬＰメンバーでした。**世界中から集まった学生のうち、最上位はほとんど東大生**で、日本で授業を受けるのと同じようなクラスになってしまったのです。

日本でフランス語を学んでいるときには、あまりＴＬＰの特殊性がわかっていなかったのですが、語学学校に来ていた他の外国人と話してＴＬＰのすごさを痛感しました。他国の学生の大半はフランス語学習歴６年、７年といった人で、１年程度でフランス語を習得できるＴＬＰの学生は異常と言ってもよいくらいなのです。

それだけの語学力を培えた理由は、熱心な先生方や多才なクラスメイトと一緒に勉強できる環境です。外国語を学習する際には、どうしてもモチベーションが下がってしまう時期が来るものですが、理想的な環境のおかげでフランス語を続けられました。東大生には、大学生になってから語学に目覚め、複数の外国語を習得していく人が一定数いますが、それはもしかしたらTLPをはじめとした東大の言語学習プログラムのおかげなのかもしれません。

最後に、この授業で特に印象的だった学びをご共有したいと思います。

夏の国際研修では、アンジェというフランスの地方都市で2週間から3週間程度ホームステイする企画がありました。私がホームステイしたのは、60代後半のマダムが一人暮らしをする家庭でした。そのマダムは元同時通訳者で、国際会議などでフランス語、ドイツ語、スペイン語の同時通訳を行っていたそうです。ホームステイをしていた当時、筆者もフランス語に加えて、ドイツ語やスペイン語の学習にも励んでいたので、マダムは大変シンパシーを感じてくれました。

そこで、私に向かって **「どうして複数の外国語を勉強するのが大切なんだと思う？」** と質問してきました。コミュニケーションを取るだけなら英語が使えれば十分で、学ぶ外国語を増やせば増やすほど、1つ1つの語学力は中途半端なものになってしまうかもしれない。それなのに、あえて複数の言語を学ぶのには、どういった意味があるのか――マダムはそう問いかけたのです。

その質問に、筆者は戸惑ってしまいました。

するとマダムはこう続けました。

「複数の言語を学ぶことで、私たちの言語力の差はなくなる。私たちみたいに英語が母国語でない人はいくら英語を勉強しても、英語のネイティブに英語では敵わない。だけど、英語以外にも、フランス語が話せる、ドイツ語が話せる、スペイン語が話せるとなれば、その点で英語のネイティブにだって言語力で勝つことができる。**日本人は英語が話せない、と英語圏の人から下に見られやすいかもしれないけど、それでもフランス語やドイツ語が話せたら、国際人として対等になれる。**そういう意味で外国語を学ぶことには、大きな意義があるし、フランス語を話せることはあなたの人生において大事なアドバンテージになるんだよ」

この言葉を聞いて、自分が今までフランス語を必死に勉強してきたことや、他の外国語も話せるようになりたいと必死に努力してきたことが、少し報われたような感じがしました。私たち日本人は、学校教育を通じて英語を学ぶこと、英語が話せることが大切だと考えがちですが、国際人として大事なのは、英語力だけではなく、バランスのとれた語学力なのかもしれない。そう考えさせられました。

外国語を学ぶことは、その国の文化を学ぶことだとよく言われます。筆者はこのことを、留学を通して体感しました。今のマダムの話も、形式的に授業で伝えられるだけでは、その意味を正しく理解できないような気がします。現地でフランス語を学ぶことの難しさと面白さを痛感し、フランス人たちと寝食をともにして初めて理解できる価値観のように思えました。

ぜひ本稿を読んでいる読者の皆さんも、機会があるときに海外へ飛び出して、異文化を学ぶ体験をしてみてください。En revoir!

古典ギリシャ語

古代の哲学・思想を原語で味わう

東大では、入学の科類にかかわらず、第二外国語に加え興味に応じてさらに別の言語を履修することが可能です。第三外国語として開講されているのは、アラビア語、ベトナム語、モンゴル語、セルビア・クロアチア語などなど約20の言語です。それらの中には、現在のヨーロッパ諸国で用いられている言語の礎となった古典語たち、古典ギリシャ語と古典ラテン語も含まれており、例にもれず古典語に関しても、東大生であれば誰でも履修することが可能です。

筆者は理系に進学しましたが、同時に言語学や語源などにも興味があったので、高校生の頃からの憧れでもあった古典ギリシャ語を履修することにしました。古典ギリシャ語はすでにネイティブの話者が存在しない言語ですが、いくつもの現存する言語にその面影が残っています。**古典ギリシャ語を学ぶことで、私が今まで学んできた英語にも、新たな見方ができるようになる**のではないかと期待してのことです。

授業では『古典ギリシア語初歩』（水谷智洋著）を教科書として使用し、ギリシャ文字の書き方から単語の格変化や発音といった最低限の規則を学ぶことを目標としていました。

古典ギリシャ語で主に使われるのはギリシャ文字です。α、β、γなどなど、数学や物理でよく見かける文字ですね。古典ギリシャ語の勉強は、まずギリシャ文字や単語を正確に書けるようになるところから始まります。例えば、「仮説」を意味する英単語 hypothesis は古典ギリシャ語由来の単語であり、古典ギリシャ語で書けば

ὑπόθεσις となります。これをさらに分解すると、下［ὑπό］に置かれる主張［θεσις］というのが元々の意味です。

このように英単語の語源となる古典ギリシャ語を知れたことは、この授業の一番の学びと言っても過言ではありませんでした。

他にも、ガムなどに含まれているキシリトールという糖の名前が、「木」を意味する単語ξύλον［クシーロン］に由来することなど、英語で知っている単語がローマナイズされる前の、元の言葉に触れることができました。この変換法則をある程度体系的に理解し、正確に単語を書けるようになることが、ギリシャ語の第一歩です。古典ギリシャ語を学ぶことは、英語や他のインド・ヨーロッパ語族の言語を知る上でも、言語間のつながりを楽しむ上でも役立ちます。

また、文法事項をいくつかご紹介すると、古典ギリシャ語にも格変化があります。単語の形（格）を変化させることで、日本語では助詞が担っている部分の意味を表現しています。古典ギリシャ語には、主格・属格・与格・対格・呼格の5種類の格があります。

この格変化という概念は、日本語にはちょうど当てはまるものがない概念なので、最初は正直戸惑いました。そんな時、先生はこのような例文を示して、私に格変化の重要性を教えてくれたのです。

πόνος πόνῳ πόνον φέρει.

この文は、単語の意味だけを順番に訳すと、「苦労、苦労、苦労、運ぶ。」となります。しかし、これでは全く意味不明ですね。これに格変化まで記載すると「苦労（主格）、苦労（与格）、苦労（対格）、運ぶ。」となります。これを格の役割と照らし合

主格	文の中で主語として扱われるときの格で、訳すと「○○は」「○○が」となります。
属格	文の中で所有者を表すときなどに使われる格で、訳すと「○○の」「○○から」などとなります。
与格	文の中で目的や手段を表すときの格で、訳すと「○○に」「○○で」となります。
対格	文の中で目的語になるときの格で、訳すと「○○を」となります。
呼格	呼びかけを表す格で、あえて表現するなら「やあ○○さん」となります。

図表1　ギリシャ語の格変化

わせると、「苦労**が**苦労**に**苦労**を**運ぶ。」となります。こうなると意味を解釈できるようになり、「辛い時にはもっと辛いことが重なる」という意味だとわかるのです。

これは、日本語で言えば「泣きっ面に蜂」にあたる諺《ことわざ》なのでした。

このように古典ギリシャ語では、単語そのものの形を変化させて、文全体で意味が通るようにしているのです。この面白さがわかった時から、**文章を読み解く作業が、暗号を解読するみたいでわくわくする時間となりました。**

古典ギリシャ語を学ぶにあたり、発音とアクセントは非常に大事です。古典ギリシャ語の単語には格変化が存在し、単語の意味だけでなく変化も覚えなければならないのですが、いちいち理論や文字で覚えていてはキリがありません。そこで格変化自体を読誦し、**詩の如く歌って覚える**のです。もともと古代ギリシャでは叙事詩などが歌われていましたし、歌うように覚えるのはあながち的外れではないのかな、と感じました。

幸い、古典ギリシャ語と日本語とでは、ほとんど同じ子音と母音を使うので、日本語母語話者の私たちであれば、発音自体はそれほど難しいものではありません。ですから、授業では、よく先生が「ではご一緒に」と言って、格変化をみんなで一緒に読み上げていました。

例えば、「海」という意味の古典ギリシャ語 θάλαττα［タラッタ］の発音は、日本語でそのまま［タラッタ］と読みあげるのと大体一緒です。注意すべきは α の上にアクセントがついて ά になっているので、最初の［タ］にアクセントをつけて［タ↑ラッタ］と読んでください。（以後も同じく、強調すべき言葉の後ろに上矢印を併記します。）

θάλαττα は第一変化名詞と呼ばれ、単数系複数形を含めると合計で9つの変化があります。日本語での読み方を上から順に発音してみてください。

格変化	古典ギリシャ語	日本語での読み方
単数形　主格	θάλαττα	タ↑ラッタ
単数形　属格	θαλάττης	タラ↑ッテース
単数形　与格	θαλάττῃ	タラ↑ッテーイ
単数形　対格	θάλατταν	タ↑ラッタン
単数形　呼格	θάλαττα	タ↑ラッタ
複数形　主格／呼格	θάλατται	タ↑ラッタイ
複数形　属格	θαλαττῶν	タラトー↑ン
複数形　与格	θαλάτταις	タラ↑ッタイス
複数形　対格	θαλάττας	タラ↑ッタース

図表2　θάλαττα の格変化とその発音

これを繰り返し暗唱し、格変化を覚えると、他の単語の格変化も分かるようになります。

他の第一変化名詞に関しても同じ変化が適用されていますから、例えばその単語の語尾が「-アイス」で終わっていれば、その単語は複数形の与格に変化しているということが推測できるわけです。

こうすれば全ての言葉に対して格変化を覚えなくとも、代表的な単語の格変化を思い出して推測することで、文章の構造を解析するのに使えるというわけです。

ギリシャ語を学ぶ過程で、古代ギリシャにおける世界観や哲学を知ることができたのはとても面白かったです。その中で特に面白かったのがこの文章です。（ΛΟΥΚΙΑΝΟΣ, Βίων πρᾶσις 14、ルキアノス『哲学諸派の競売』14節）。

Τί δὲ οἱ ἄνθρωποι ; Θεοὶ θνητοί.

で、つまるところ、人間とは何なのだ？――死ぬことが決まっている神だ。

Τί δὲ οἱ θεοί ; Ἄνθρωποι ἀθάνατοι.

では、神とは?――不死の人間だ。

この文章から、古代ギリシャにおける神聖観が読み取れます。

現代で生きる人々に、「神と人間の違いは?」と問うと、「神は未来を知ることができる」「与える側か受け取る側かの違い」などでしょうか。しかし、太古のギリシャ人は「神と人間の違いは、死ぬか死なないかだ」と言っており、不滅であることこそが神の本質だと述べているのです。逆に言えば、それ以外はおおよそ人間と同じような生態の生き物と考えられていたのでしょう。ギリシャ神話において、不倫や恋愛物語が頻繁に描かれているのも、成長のないまま堕落していく人間との共通点を見出していたからなのかもしれません。

このように**ギリシャ語を学ぶと、ギリシャの世界を少しだけ体験できる**のです。

そして、古代ギリシャの世界というのは、プラトンやアリストテレスの哲学をはじめ言語、風土、習慣など、現代に大きく受け継がれている思想の源泉のような世界ですから、学問全般に興味がある人であれば、きっとギリシャ語を学ぶ過程自体も楽しめると思います。

ヘブライ語

まったく知らない別言語を学んで分かったこと

先ほどお伝えしたように、東大ではスペイン語、フランス語、中国語など、一定のメジャーな言語を第二外国語として選択することになっています。そして、それ以外の言語を学びたいと思った場合は、第三外国語として自主的に履修することが可能です。

筆者は第二外国語にドイツ語を選択しました。理由は、他の言語に比べて英語に近く学びやすいと聞いたからです。実際にドイツ語の勉強を始めてみると、単語の語順など英語と違うところはあれど、出てくるアルファベットは大体英語と同じで、あまり他の言語を学んでいる実感が得にくいものでした。当初の狙い通りになったにもかかわらず、不完全燃焼に感じた筆者は、後期こそ全く別の言語を勉強しようと思いました。そこで履修したのが、この「ヘブライ語」です。

先生から最初に言われたのは、「週1回で半年、12回くらいの授業だと、喋れるようにはならないけれど、辞書を使いながら読めるようにはなれるよ」ということでした。英語をしっかり勉強してきた東大生たちなら、**文法のルールを知ることで、ヘブライ語を読むことぐらいはできる**ようになる、というのです。

ただし、ヘブライ語は非常に難解で、東大といえども苦労する学生が続出しました。そもそも文字がすごく特殊です。英語におけるアルファベットのようなものが22文字のヘブライ文字で表記されているのですが、それがこんな感じです。

最初に見たときの感想は**「わかるかこんなもん!!」**でした。しかもこのヘブライ語には、母音がないんですよね。全部子音のため、母音は推測しなければならないの

文字	名称
א	アレフ（alef）
ב	ベート（bet）
ג	ギメル（gimel）
ד	ダレット（dalet）
ה	ヘー（he）
ו	ヴァヴ（vav）
ז	ザイン（zayin）
ח	ヘット（chet）
ט	テット（tet）
י	ユッド（yod）
כ	カフ、ハフ（kaf）
ל	ラメッド（lamed）
מ	メム（mem）
נ	ヌ（nun）
ס	サメフ（samekh）
ע	アイン（ayin）
פ	ペー、フェー（pe）
צ	ツァディ（tsadi）
ק	クフ（qof）
ר	レーシュ（resh）
ש	シン、スィン（shin）
ת	タヴ（tav）

図表3　ヘブライ文字（Wikipediaをもとに作成）

です。なんて難しい言語なんだ!?と感じたわけですが、これも実は文法や冠詞などから推定できることを丁寧に教えてもらったため、なんとか理解していくことができたのでした。

ただ、ヘブライ語を検索しようと思った時のハードルが、そもそもめちゃくちゃ高いんですよね。例えば「英語のfishって日本語でどういう意味だっけ？」と思った時、私たちはキーボードの英字を頼りに、検索窓に「fish」という文字列を入力することができます。しかし、ヘブライ語のキーボードなんてありません。そこで、さまざまなサイトを使い、**アルファベットで入力したものをヘブライ語に変換し、それをまた検索にかける……**ということでなんとか調べていました（それでもまだ大変ですが）。文字が象形文字のようで、壁画に書かれた意味のない文字列にすら見えてしまい、解読が非常に困難で、「そもそもこれは『t』なのか？『y』なのか？どうやって検索すればいいの!?」という初歩的な悩みがとても多く、大変苦労した授業でした。アルファベットがぱっと見で読めるというのがどれだけ恵まれているのかを実感しました。

しかし、そもそも**文字自体を知らない言語をどう習得すべきなのか**を学べたことはとても有意義な経験でした。また、日本語とヘブライ語には共通する要素が多い、というのもとても面白かったです。日本では「平和」の「和」は「合計（足し算）」として扱われますね。これ、実はヘブライ語でも同じで、「平和を表す言葉」と「足し算の合計が揃っていること」を表す言葉は同じ「שָׁלֵם」です。

日本語とヘブライ語の類似性は、音に関するものも多かったです。例えば、「ありがとう」と同じ音で「アリ・ガド（私にとって幸運です）」という言葉があったり、「サムライ」と同じ音で「シャムライ（守る者）」という言葉があったり。面白いですよね。


最後に、この授業のレポートの話をさせてください。

受講者は、「建築家と皇帝」というヘブライ語の短い童話のような物語を読み、解釈するという課題を出されました。ざっくりストーリーを解説すると、「あるところに年老いた建築家がいたが、石や木で宮殿を作るのが大変なので、布の上に立派な宮殿の絵を描いた。それに対して皇帝が『私を騙したな！』と怒ると、建築家は『じゃあ見てみましょう』と言い、描かれた御殿のドアをノックした。するとドアが開いて、建築家は中に入った。そして、彼は二度とそこから出ては来なかった」というものです。

なんだこれ？　という感じですが、ここからこの物語は何を伝えたいのか？　教訓は？　と考えていかないといけません。

筆者は、皇帝を神、建築家を人と見たときに、旧約聖書と関連性があるのではないかという考察をしました。神は「ソロモンと10の指輪」のエピソードでソロモンの夢枕に立ってソロモンを試したり、ヨブ記ではヨブを全身皮膚《ひふ》病にしたりと、理不尽な試練を人に与えますが、それをどう乗り越えるかを見ている、という説がありますが、この「建築家と皇帝」もそういう話なのではないか、という議論です。

それが正しいかどうかは置いておいて、**この「建築家と皇帝」、日本語で調べても英語で調べても全然、ネットには情報がこれっぽっちも出てきません。**現代のネット社会においてこんなにネット上に存在しない情報ってあるんだ⁉　と驚くくらいです。ヘブライ語の授業を受けなかったらこの話を一生知らなかっただろうと思うと同時に、ネット至上主義の社会の中で、ここまでネットに上がっていない文化もあるんだ、世界は広いな、と感じさせられたのでした。

この講義を通して、ヘブライ語が完全に身についたかと言われると、残念ながらそうとは言い切れません。しかし、私の手元には、確かに学びが残っています。

それは、**この世には日本語あるいは英語とは全く異なる体系からなる言語が存在するということ。そしてそれを用いて言葉を紡いでいる人が、世界には存在するということ。彼らには彼らの世界があり、しかしそれは、日本語で暮らす私たちの世界とも関わり合っているということ。**

少し大袈裟《おおげさ》かもしれませんが、ヘブライ語の学習という体験を通じて、世界の広さを学ぶことができたと思っています。

第2章

文系

国際関係史

高校世界史と大学の歴史学の違いとは？

続いて本章では、東大の1年生が学ぶ文系の学問をご紹介していきます。国際関係史とは、国家と国家の関係に焦点を当てた歴史のことで、より具体的にいうと「国際関係の歴史」です。国際関係は外交を基本に、国際政治、国際法、国際経済の要素が絡み、時に同時代の世界の情勢から影響を受けるものです。そうした複雑な要素を持つ国際関係が、時代を経てどのように変遷してきたかをコンパクトに、そして理路整然と解説しているのがこの授業です。

教員によって扱う内容は異なるものの、筆者が履修した時の担当教員は**日本にお**

ける中国外交史研究の第一人者で、講義内容は東アジアの近現代史でした。時代としては19世紀初頭から戦後までを扱いました。

高校までの世界史は、あくまでも「世界史」という名の教科で、学問分野ではありません。しかし、大学に入ってからは「歴史学」という学問になります。

高校世界史ではどうしても暗記が重視されますが、歴史学では、それよりも厳密な史料の分析が求められます。つまり、他国の言語を読むための語学、史料を分析する読解力、日々更新され続ける学説を素早く取り込む迅速さが求められるのです。

この授業でも、歴史学としての要素が盛り込まれていて、授業スライドには「対華21カ条要求」の原文、蔣介石直筆の日記など、さまざまな史料が引用されました。授業の進め方も、歴史的な流れの理解に重点が置かれ、人名や都市名といった暗記要素は全く求められませんでした。高校の世界史と大学の歴史学の違いを直に感じる授業です。

高校世界史と大学の歴史学には、他にも異なる点があります。例えば、現行課程の高校世界史では、社会主義思想に関して比較的詳細な暗記が求められています。しかし、これは約数十年前の高校世界史の教育方針が今に至るまで反映されているためのバイアスです。半世紀前の日本では社会主義思想が魅力的なものとして多くの知識人に共有されており、その時代の歴史観が今でも高校世界史に残っているのです。

先日、高校における教育課程が「世界史B」から「世界史探究」に変更され、多少の改善は見られましたが、学問としての歴史学は新たな史料の発見で通説がガラッと変わってしまうほど流動的なものであるのに対し、教育面ではそうした学術界での通説の変化が反映されにくいという実態があります。このように、**高校世界史の問題点と、大学における学問としての歴史学の違い**を東大の国際関係史は教えてくれます。

さらに、この授業は「歴史学」ではなく「国際関係史」という題目です。歴史学にとどまらず、同時代の国家間の関係と、なぜそのような関係になったのかを緻密に分析して行きます。扱うテーマは例えば「欧州列強が、アヘン戦争・アロー戦争後になぜ中国に進出したか」「ワシントン体制はなぜ崩壊したか」などです。

この分析力は、**過去の歴史を見る際に役に立つだけではなく、現在の国際情勢を分析する上で非常に重要な力**になります。台湾有事が現実に起こる可能性はどれほど高いのか、ウクライナ戦争における中国の立場はどうか、といったニュースでよく見かけるような国際情勢を、自分なりに分析して、今後の動向を予想していく思考力が身につきます。

また、私が受講した2024年は台湾の総統が蔡英文氏から頼清徳氏に代わったこと、孫文の死後99年であったことなどから、台湾に関する今後の動向の予測を中国の専門家から具体的に聞くことができました。

このように、歴史の授業でありながら、時事問題にも踏み込む授業スタイルで、授業時間の半分が時事の話題で埋まることもありました。国際情勢について知りたいけれど、情報が多くて追いつけない、国際関係をどう理解すべきかわからない、といった悩みが払拭《ふっしょく》される授業です。

この講義は、期末試験の出題方式がまた非常にユニークなものでした。というのも、**試験でありながら、その問題が事前に教えられる**のです。事前に問題を公開しておくから、テーマに合わせて復習し、いろいろな文献も参照して考えておけ、というのが教員の考えでした。そして、試験は持ち込み可です。つまり、あらかじめ公開されている問題の答えを事前に用意して試験当日に持ち込み、それを解答用紙にまるごと書き写すこともできるのです。

こんなことをして何になるのか、期末試験ではなくレポートにすればいいじゃないか、と思うかもしれません。

しかし、これには教員の深い意図がありました。教員は**「国際関係の歴史を、受講生には知識ではなく流れで理解してほしい」**と考えていて、そのために作られた試験なのです。試験で持ち込みが許されたのは手書きのメモだけなので、学生は持ち込み用の紙を作成するときに1回、試験本番で解答を書く時に1回の計2回、答えを書くことになります。直筆で1文字ずつ書く、しかもそれを2回繰り返すことで、歴史の流れが受講生にとってすんなり頭に入る、ということを教員は狙っているのです。ここでも、大学での歴史学では暗記よりも理解が重要視されることがうかがえます。

この授業から強く感じられたのは、歴史学という学問の立ち位置です。高校世界史では暗記が重視されてしまっていますが、歴史学は歴史を研究することが目的です。覚えるだけでは史料の読み方も身につかないし、論理的思考力や分析力も養えません。一般に歴史学は実学性の薄い学問だと思われがちですが、その研究アプローチの難しさは凄まじく、高校世界史と大学の歴史学のギャップに衝撃を受けるとともに、歴史学はやはり大学で学ぶべき学問であると認識しました。

そして、国際関係史は学際性の塊です。つまり、国際関係史は歴史のみならず、経済や政治、法制度、国際機構、政治思想史、地理や文化、さまざまな学問に関する基礎的知識を蓄えて初めて分析できます。それを1つの授業だけで網羅的に解説しているのは東大のこの授業しかないと感じますし、複数の学問を横断的に学ぶ環境が整っているのが東京大学です。まさしく、これは東大だからこそ学べる授業なのです。

社会学

東大式「社会学」とは何か

東大文系には「準必修科目」という授業のグループがあり、文系学生はその中から、自分が興味のある授業を取ります。

心理学や歴史学などがある中で、筆者が選択したのは、「社会Ⅰ」でした。「社会Ⅰ」を選んだ理由はとても単純で、それが一番、我々の暮らしに身近な内容を扱っているからです。歴史は受験勉強こそしたもののあまり詳しくないし、古典文学にもあまり興味がなく……なかば消去法のような形で、身近そうな社会学を選択することになりました。

実際、この感覚はある程度正しかったようで、**社会学とは「近いがゆえに遠いもの」を理解すること**だと授業で教わりました。

例えば東南アジアのパダウン族は、「首長族《くびなが》」と呼ばれています。首長族の女性は首輪をつけて、首を長くした女性が「美人」であるとされているからです。でも、日本で暮らしている自分達としては、パダウン族の「美人」を見たときに、何とも言えない違和感がありますよね。

また、中国には纏足《てんそく》という文化がありました。足を小さくするために足を布で縛るという風習で、纏足の女性を美人とする価値観がかつて中国ではあったのです。これら2つの「美人」には、明らかに不自然な力が加わっているわけです。

では逆に我々はどうなのか？

日本の街中で売られている雑誌には「愛される身体になる」などというキャッチコピーでハイヒールの宣伝が載っています。また、「肌見せ具合ですべてが決まる」といった文句が書かれていることもあります。これを見ても、日本にいる人は違和感を覚えませんよね。

でも、「愛されるカラダ」をめざしてダイエットに励んだり、足の疲れる高いヒールを履いたりするときには、確実に、何かしらの不自然な力が身体に働いているわけです。そしてこの力は、パダウン族の女性の首を長くせしめ、また纏足を作り上げる、そんな力と同種のものです。つまり、「美人」に働いている力とは、社会的な力だと言えます。

そして、そんな社会が求めているものを過剰にやってしまうのが、「over socialization」と呼ばれるものです。例えば摂食障害で過度に食事を摂らないような人や、「男の子っぽくしなければならない」と可愛いものを遠ざける男の子などですね。このように、**近くにあるはずなのに意識されていないような社会的な要請を理解するのが「社会学」**なのです。

ちなみに、ハイデガーという哲学者はこれについて「眼鏡《めがね》」を用いて説明しています。眼鏡は鼻の上にある、自分と大変「近い」ものですね。しかし、私達がこれを通じて周囲を見ているとき、その眼鏡の存在はしばしば認識の外に置かれてしまう（眼鏡を意識しない）ことが多いですよね。このとき眼鏡は、自分が例えばその時見ている絵などと比べて、「遠い」存在となっているわけです。

この講義では「社会化」、つまり社会的な強制力はどうして発生するのか、どんな具体例があるのかを考えられ、とても面白かったです。

特に興味深いと感じたのは、バーガーとルックマンの分析です。そもそも人間は、犬や馬などの他の動物と比べて、未熟な存在として生まれるとされています。本能的にエサの取り方を知っているわけでもなく、親が面倒を見ないと簡単に死んでしまいます。人間には遺伝子に書き込まれた情報だけではやっていけないことが多々あり、生物学的に決定されていないことがたくさんある、だからこそ人間は文化や社会というものを自身の外に作り上げているのではないか、という説です。

我々は言葉を習い、社会のルールを覚えたり言葉を話したりできるようになっていくわけですが、その過程で知らず知らずのうちにどんどん社会のルールが自分達の内面に影響を及ぼすようになり、「眼鏡」になっていきます。

当たり前のように言葉を使い、当たり前のように美人を美人として見ているけれど、実はそこには作為的な何かが働いていると言えるのではないでしょうか？

みなさんも、**今一度身近な世界を見つめ直すと、社会学的な発見があると**思います。


もうひとつ具体例を出しましょう。レポート課題では、自分で「社会化」の例を挙げて考察することが課されました。筆者は当時受けていた言語学の授業と合わせて、言語による社会化を考えました（言語学については次の節をご覧ください）。

女性は社会進出するにあたって障害が多いと言われており、男女共同参画社会が必要であるという論調は今でも強いです。そこで、実は言葉の中にも、知らず知らずのうちに男尊女卑の考え方があるのではないかと考察しました。

例えば、「雄々しい」はいい意味なのに、「女々しい」は悪い意味になります。英語でも、「witch」といえば「悪い魔女」という意味になり、その男性系の名詞である「withard」(魔法使い)には悪い意味はありません。女性を指す言葉の方が悪い意味になりがちで、男性を指す言葉は良い意味になりがち。ここに社会化が見られるのではないか? という趣旨です。

インターネットの議論を見ていると、社会学という学問が、まるでちゃんとした学問ではないかのように言われている場面によく遭遇します。確かに、学術的な手法に依《よ》らず、しっかりした裏付けもなく、ただ自分の意見だけをそれっぽく書いたものを「社会学」と表現している人も残念ながら存在するのもまた否定できない事実です。

実は、筆者も最初は「社会学」という学問に懐疑的でした。しかし、アカデミックな社会学というのは実に緻密で膨大な議論の上に成り立っている学問であるとい

うことが、この講義を通じてわかりました。そもそも社会とは何かを大真面目に議論し、その中で現実に起きている現象を学術的に理解しようとするのが社会学です。そして、その対象は歴史上の出来事だけでなく、今この瞬間に社会で起きている出来事も含まれます。そういう意味で「社会学」は、最も時代の風合いを色濃く反映する学問であり、絶えず検証されなければならない学問であると言えます。

社会との関わりを持たずに生きていける人はいません。これからの人生を生きていくにあたり、社会というものをどう考えるか、どう向き合うかを考える機会になりました。

言語学

身近な言葉を学問でより深く広く調べ尽くす

続いては「言語学入門」です。

これは文理を問わずに履修できる科目で、言葉に関する疑問に対する言語学の考え方を、具体的なエピソードを中心に知ることができる授業でした。

例えば、言葉は使われている中で、意味が良い意味にも悪い意味にも変化していくことがあります。「貴様」は今では悪い言葉のイメージですが、もともとは「貴方様」という言葉が省略された形ですから、本来は悪い意味で用いられるものではなかった、というような話です。「女房」も、今はなんだかあまり良いイメージを持たれませんが、昔は身分のいい女性を表したといいます。

この現象が起きるのはどんな言語でも同じで、英語のsillyはもともと幸福を意味した言葉ですが、今ではネガティブな含みを持っています。

このように、**普段何気なく使っている身近な言葉が言語学の考え方とつながっている**、と伝えてくれるのが言語学入門の講義でした。

他にもいくつか例を挙げると、言葉の意味がだんだん広くなったり狭くなったりすることがある、と教わりました。例えば、birdは本来「小鳥」を表していたそうですが、今では鳥全般を表します。また逆に、日本語の「卵」は、メダカや孔雀の卵を指しても間違いではないですが、現実には「鶏卵」だけを表す場合が多いですよね。

この講義で特に驚いたことの1つに、「料理」という言葉はもともと、一般事象に向けての「処理」という意味だったということがあります。今では多くの場合、料理は食物をどう処理するかという限定的な意味になっていますよね。よくよく考えると、今でも「難しい打球をうまく料理した」といった形でこの言葉を用いることがありますが、その場合も比喩的に使われています。しかし昔は比喩でも何でもなかったのです。

また、色が特定のイメージを喚起するという現象も提起されました。

「なぜピンクにはいかがわしいイメージがついているのか？」

「なぜブロンドは金髪の女の人のことを指し、かつ『頭が悪い』というイメージがついてしまったのか？」

といった問いかけがあり、「確かにただの色なのに、いろんなイメージがついているのは不思議だな」と感じた記憶があります。

このように、言葉というものはどんどん変わっていくもので、その要因も多岐に渡ります。そして、言葉の変化をどうやって調べればいいのか、研究やデータ収集のやり方までこの授業で教わりました。

かいつまんで説明すると、まず、「コーパス」と呼ばれる、自然言語の文章や使い方を大規模に収集しコンピューターで検索できるように整理されたデータベースの使い方を教わります。「この言葉は10年間で30件新聞や雑誌で使われている」みたいなことがわかるわけです。他にも、普段の会話からどれくらいの出現頻度なのかを収集する方法やアンケートの手法を学びました。**自分の気づきをただの仮説として終わらせるのではなく、しっかりとデータに基づいた意見にする**方法まで体得できたのです。

この講義を受けて、筆者は「立ち上げる」という言葉について調べてみました。国立国語研究所による現代日本語の書き言葉データベース「現代日本語書き言葉均衡コーパス」(http://www.kotonoha.gr.jp/shonagon/)で「立ち上げる」という言葉を調べると、157件の検索結果が出てきました。このうち、1999年以前の出版物で使われた件数は2件のみです。非常に少ないですよね。

「立ち上げる」というのは、どういう時に使う言葉でしょうか。

まずパッと思いつくのは、「インターネット」や「ＯＳ」を起動させるときです。実は、元々使用頻度が少なかった「立ち上げる」という言葉は、２０００年代に入りパソコン・ノートパソコンが普及し、コンピューター用語として使用された結果、使用頻度が上昇し、２０００年代後半から２０１０年代において、「物事を始めること」全般を表すときに「立ち上げる」という言葉が使用されるに至ったのではないかと考えられるのです。実際、最近だと「事業を立ち上げる」なんて普通にいいますよね。

コーパスの使用例を見ると、２０００年代以前には「読み手の脳裏にＡを立ち上げる」といった、「作り上げる」という意味合いでの使い方がされています。逆にいうと、昔はコンピューターを使うことと「立ち上げる」という言葉の関連性はまだ薄かったのです。

このように、パーソナルコンピューターの普及という社会的な要因を通して、「立ち上げる」の意味が変化するに至ったのではないか、という考察をしました。

このように、**言葉の意味は時代を追うごとに変化していく**、ということを実感できるのが「言語学入門」でした。

心理学

東大生と研究者の裏の読み合い

東大には心理学を扱う学部が横断的に存在し、文学部や教育学部、後期教養学部などでも学ぶことができます。

筆者は、受講当時メンタリストや心理テストが流行っていたこともあり、「人間が嘘をついている時はこういう癖が出る」とか「こういう仕草をしたらその人は私に気があるかもしれない」とか、そういう他人の気持ちを読み取るための知識が得られたら面白いと思い、心理学の授業である「心理Ⅰ」を履修することにしました。

しかし、初回の授業を聞いていて筆者は「あれ?」と、**自分のイメージする心理**

学と大学の心理学の違いに気づきはじめました。この授業で扱う内容を厳密に言うと「認知脳科学」で、文系の準必修科目として開講されていながら内容はどちらかというと理系領域。毎年のように初回離脱者が続出している科目なのです。

私も最初は身構えましたが、講義を受けてみるとその面白さに夢中になりました。この講義では、心理学と神経科学の基礎知識を分野横断的に眺め、「錯覚」や「心理的効果」を被験者として体験しながら、なぜそのような効果が発生しているのか、人間の体内・脳内で一体何が起こっているのかという科学的なメカニズムを丁寧に教えてもらうことができました。

例えばこの有名な錯覚、みなさんも一度は見たことがありますよね。AとBは同じ長さなのに、Aの方が長く見える、というものです。

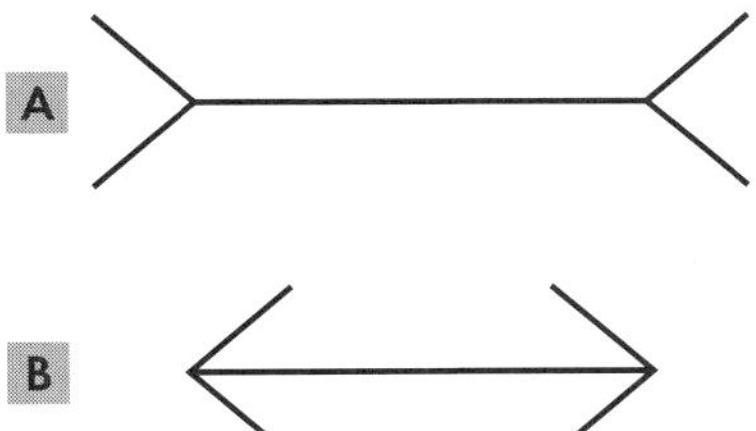

図表4　ミュラー・リヤー錯視

心理学の授業でもこの錯覚を見せられましたが、これほど有名な錯視だと、Aの方が長そうに見えるけれども実際には同じ長さであることをみんな知っています。「被験者として心理実験を体験し、その後ネタばらし的に理論的な解説をされる」という授業形式に慣れてくると、筆者たち東大生も心理実験を受けながら、先回りして「先生の出題意図を見透かそう」「先生を出し抜こう」と企むようになります。実際にこのとき、多くの学生が「AとBは同じ長さだ」と答えました。

しかし、先生は東大生たちが裏をかいてくるのをあらかじめ予測していたかのように、わざとひっかけで「Aの方が長い」画像を提示していたのです。我々は先生の鼻を明かそうとして、かえってそういう心理を鮮やかに暴かれてしまったのです。

このように、**東大生側もだんだんと自分の視覚や認知を疑いはじめ、しかし先生はさらに一枚上手で裏をかいてきて、といういたちごっこを繰り返しながら心理学への理解が深まっていきます。**最初はいかにも理系っぽい内容で難しそうに思えていた脳科学も、こうして学ぶとただ座学で勉強するよりもスッと頭に入ってくるもので、テスト前に改めて復習せずとも気がついたらすでに全部覚えていたことに驚きました。

心理学は英語でpsychologyと書きます。psychoはサイコ、つまり心で、logyが科学を意味します。心理学とは心を科学で論理的に捉えていく学問なのです。よく考えてみれば、人間心理という非常に複雑で繊細なものを「こういう仕草をするときはこう思っている」と簡単に言い切ることなんてできるわけがないのです。そうやって**正しそうなことを簡単に言い切ってしまうことの危険性**も、アカデミックな心理学を学ぶにつれてよくわかりました。

また、教育臨床心理学を学ぶ回では子供の発達特性や心理的問題、近年のいじめや性被害におけるメンタルケアなどを学んだのですが、筆者自身が学童クラブや保育園でアルバイトなどをしていたことから、**心理学の授業内容を実際の子供のサポ**

ートにつなげることができました。

例えば、ある子が突然元気を失っている様子に気づいた際、その原因が単なる疲れではなく、家庭や学校でのストレスや友達とのトラブルに起因する可能性を考えるようになりました。以前なら表面的な態度だけに注目して「元気がないね」「頑張って」と声をかけていたかもしれませんが、教育臨床心理学の学びを通じて、背後にある感情や環境の変化にも目を向けることができるようになり、その子どもが求めているのが一人になれるパーソナルスペースなのか、はたまた友達や先生と一緒の時間を過ごしたいのか、といった具体像まで想像が及ぶようになりました。また、感情をうまく言葉にできない子どもには、絵を描かせるなど、遊びを通じて心の内を引き出す手法を取り入れることで、自然に気持ちを表現できる機会を提供すればいいと知りました。

このように、心理学は教育や福祉、医療、生命科学など、実に幅広い分野に関連してくるので、さまざまな人にとって実生活に役立てやすく、多くの人が知って得する学問だと言えます。そして東大では「前期教養学部」システムがあり、1、2年生のうちは文系理系を問わず幅広い分野の講義を履修できます。**専門に縛られない東大の履修システムがあったからこそ、筆者も心理学を受講し、実際に役立てることができました。**

今後どのような進路を選択する人であっても、心理学を学べる機会があるというのは非常に有意義なことであると感じました。

初年次ゼミナール文科

1年生で学ぶ論文の書き方

東大には「初年次ゼミナール（略して「初ゼミ」）」と呼ばれる、1年生の必修科目があります。この授業の趣旨は**「論文の書き方を学ぶ」**ことです。割り当てられた数種類のゼミから興味のあるものを選ぶのですが、文系の筆者は東大生の間で「四本心理」として有名な、四本先生の「音と光の心理学」というゼミに入りました。

初回授業では、最初に**「なんで心理学のゼミが文系分野にカウントされているんですかね？」「心理学は理系ですから」**と言われて衝撃を受けました。しかし実際に心理学を学んでいくうちに、心理学とは実験結果の統計的解析を非常に重視する、理系の学問だと思うようになりました。

授業のテーマが「音と光の心理学」なので、音や光が人間にどのように影響を与えるのかを実験し、データを分析して論文を書いていきます（ちなみに、文系向けの初ゼミは文章を読み込むものが多く、このように実験をするゼミは少数派です）。

最初に出された課題は、音や光の大きさを測るスマホアプリをインストールして、色々な場所の音や光の大きさを調べてくるというものでした。ちょうどゴールデンウィークの時期だったため、出かけた先の海や繁華街、飲食店など、15箇所ほどで計測しました。「意外とこの場所ってうるさいんだ」「あれ、私の作業スペース暗いかも？」など、だんだん音と光の数値を見ることが楽しくなっていきました。余談ですが、この計測アプリは後日、友人と入った飲食店で隣席がうるさかったとき、何デシベルか測るのにも使いました。

次にグループで実験をします。筆者のグループでは、「音と心拍数の関係」をテーマに実験することになりました。

実験の前に、まずは仮説を立てて「何を検証すればいいか」を決めます。

例えば、川のせせらぎやオルゴール音など多くの人が心地よい「快」だと感じる音には人をリラックスさせる効果があり、緊急地震速報や救急車のサイレン、モスキート音など多くの人が焦燥感を覚える「不快な音には人を緊張させる効果があると考えられます。そうした予想のもと、音の快不快は人間の心拍数に影響する、つまり「快」音を聴いた場合には心拍数が下がり、「不快」音を聴いた場合には心拍数が上がるのではないかという仮説を立てました。

次は検証方法を考えます。今回は、パソコンを教室の真ん中において、パソコンのスピーカーからの距離が等しくなるように被験者の方々に座ってもらい、ペアになって心拍数を測ってもらいました。

こう書くと簡単そうですが、いざ自分たちで実験をすると、音を聴いてもらうという単純なことでも、イヤホンを使うかスピーカーを使うか、音を流すのは近くからか遠くからか、などといった検討事項が多く、実験デザインは大変なのだと学びました。

被験者には同じゼミにいた20人になってもらいました。しかし今考えると、同じゼミで「音と光の心理学」を学んでいる被験者は実験の設計や狙いを察知しかねず、純粋な数値が取れない可能性があるため、正確な実験とは言えません。ゼミメンバー以外の被験者を探すべきでした。

このように、正確な実験をするためには結果を変えうる要素（剰余変数）、つまり**個人差などを取り除いたり揃えたりする必要がある**ということを、実験の失敗を通じて学ぶことができました。剰余変数（個人差）でいうと他にも、「不快」音として用意していた救急車のサイレン音について、ある人は病院のすぐ近くに住んでおり救急車のサイレンを聴き慣れていたため、心拍数が上がらないという事態が発生したなど、無意識のバイアスを取り除く必要があることを痛感しました。

こうした細かい、けれどとても重要なたくさんの反省点を、実験の目的・方法・仮説・グラフ等を用いた結果の分析とともにレポートに書き、論文の書き方を実地に学ぶことができました。

第3章

理系

力学

4ヶ月で高校・大学レベルの物理学を一気に学ぶ

理系東大生の必修には「自然科学」と呼ばれる授業分野があります。自然科学は、大学受験における理科に相当する内容で、物理系の「熱力学」や「電磁気学」、化学系の「構造化学」や生物系の「生命科学」など様々な授業が存在します。

そのうち1つが物理科目の「力学」です。

高校物理で最初に扱われる速度や加速度の定義の説明から始まり、等速運動や加速運動、振動、円運動、慣性力など次第に発展的な内容へ順番に、丁寧に解説されていきます。初学者向けの授業なので、高校の学習範囲もじっくり説明されるのですが、高校入試で物理を選択している人でも大学からでしか学ばない、「角運動量保存則」や「剛体の力学」までも扱います。つまり、**初学者が、物理の基本から始めて、最終的には大学物理の範囲にまでも到達する**という設計になっているのです。初学者にも容赦せず、学生に求める勉強量が凄まじく多い点に東大らしさを感じました。

この授業を履修して、高校物理と大学物理は全くの別物だと痛感しました。高校物理の力学は、公式を暗記し、それを問題に適用して答えを求めるのですが、大学物理の力学では公式の暗記はほぼ無いと言っていいです。大学物理の特徴は、公式に頼らず、自ら導出した運動方程式について、大学レベルの微分と積分を用いて解を求める、という作業を行うことです。実は、大学入試で物理を選択していた人でも、微積分を使って物理の問題を解いたことがない人がほとんどですが、そういったハイレベルな問題に取り組むのが大学物理なのです。

東大の力学には、大学受験で物理を勉強した人向けの「力学A」と、受験で物理を使わなかった人向けの「力学B」があるのですが、筆者は後者の「力学B」を受講しました。理系の東大受験では、高校理科の「物理」「生物」「化学」「地学」の4科目のうちから任意の2科目を選んで受験しますが、物理を選択しなかった人は「化学」「生物」の2つを選んでいることが多く、実際「力学B」の受講生は生物系に興味のある人が多いです。そのため、生物選択者に親近感を持ってもらうためか、このときの担当教員は生物学の教授で、普段はタンパク質の研究をしているという方でした。

その教授が主張していたのは、**生物学の分野においても、物理学の知識が必要であるということです。**例えば生物の研究でタンパク質の循環や粒子の移動について観察するときに、その挙動を物理演算に基づいて解析することが多いのだそうです。

このように、**理系の学問領域は互いに密接に関連**しており、物理と生物という一見関連性の薄いように見える2つも、研究では両方の知識が必要になる場面があるので、1つの学問領域に固執するのではなく、さまざまな学問を分野横断的に学ぶべきであるという視点をこの授業で養えました。

その他、初回の授業で「全ての力学の問題は同じ手順で解くことができる」と教授が説明し、それ以降の問題を実際に全て同じ手順で解いてみせたときは感激しました。

この授業は、試験やレポート課題も独特です。

まず期末試験の前に、中間レポートとして5回の小課題が与えられますが、それは過去の「力学B」の期末試験なのです。過去問を授業資料を参考にしながら自力で解いてみる、ということを5回も繰り返すと、非常に良い復習になりました（ただし、ものによっては問題自体が非常に難しいので、課題が1学期の間に5回もあったのはかなり辛かった記憶もあります）。

そして、**肝心の期末試験の内容はというと、なんと「東大入試の物理の過去問」**

がそのまま出題されました。東大の入試問題といえば極めて難易度が高いイメージがあると思いますが、そのレベルの問題を、物理を学び始めてたった4ヶ月の学生に出題しているのです。物理初学者がたった4ヶ月勉強しただけで、東大の入試を解けるようになるなんて、ありえない話のように思えますよね。しかし、自分でも驚いたことに、「力学B」の授業に毎週しっかりついていければ、東大入試ですらも解くことができたのです。高校1年生の授業を最後にまったく物理を勉強してこなかった筆者も、「力学B」の期末試験はスラスラ解け、最終成績でも80点台後半を取ることができました。自分のみならず、他の物理初学者の学生も期末試験でしっかり好成績を出しており、過去には文系の学生が期末試験で満点を取ったこともあったそうです。4ヶ月で東大の入試問題まで解けるようになるこの授業は、ハイレベルなことをサラッと要求しつつも、それをしっかりと習得させる、東大ならではの授業だといえます。

数理科学基礎・微分積分学・線型代数学

大学数学は高校と何が違うか?

理系で入学した東大1年生は全員、数理科学基礎・微分積分学・線型代数学という科目を必修として学ぶことになります。高校までで習った数学を前提とし、大学でより専門的な数学や科学を学んでいくにあたっての足掛かりとして、大学数学の一歩目を学ぶ授業です。その概要を順番に見ていきましょう。

まず数理科学基礎は、理系東大生の1年生の春学期に開講される科目で、正真正銘、東大生が最初に触れる大学数学です。

この数理科学基礎では、高校数学で学んだことをより深く、そしてより厳密に学び直すことが念頭に置かれています。

例えば、高校数学では、極限という概念が登場します。x分の1という値において、xを限りなく大きくすると、x分の1はどのような値に近づくでしょうか？

具体的に考えてみましょう。xを1 0 0、1 0 0 0、1 0 0 0 0とどんどん大きくしていくと、1 0 0分の1＝0・0 1、1 0 0 0分の1＝0・0 0 1、1 0 0 0 0分の1＝0・0 0 0 1となります。では、xをもっともっと大きくするとどうなるでしょうか？

そうです、xを限りなく大きくしていくと、x分の1は0に限りなく近づいていきます。高校数学では、極限の概念はこのように説明され、導入されています。

しかし、よくよく考えると「限りなく」という表現は少し曖昧です。どれくらい

xを大きくしたら、「限りなく大きくした」と言えるのでしょうか？　1万くらい？それとも1億くらい？

高校数学を学ぶだけであれば、そこまで厳密な定義は必要ではないのですが、**大学以降の数学を学んで、より厳密な議論を展開するためには、「限りなく」という操作ひとつにしても正確な定義を与え、曖昧さを排除する必要がある**のです。

では、どのように厳密に定義するのでしょうか？

その答えとしては、ε－δ論法（イプシロン－デルタ論法）という手法を用います。こういったことを学ぶのが大学数学です。ε－δ論法については、紙幅の都合でここでは詳しく説明できませんが、興味がある方はぜひご自身で調べてみてください。

続く微分積分学は、数理科学基礎を終えた理系学生が、次に学ぶ大学数学の科目です。専門的に言えば、大学の数学科で学ぶ「解析学」の入り口ともいえます。

この科目でも、大事なのは「厳密さ」です。高校で学んできた**微分積分をより厳**

密な定義で学び直すことが念頭に置かれています。

例えば、高校数学において、「積分とは微分の逆操作のことである」と学びます。しかし、ここでも問題が生じます。この定義のままだと、積分をするためには、その逆操作である微分を考えて、それを満たすような関数を考えないといけないため、一般に積分という操作は微分操作よりも難しく、高校数学においてもつまずきやすい単元のひとつとなっています。さらに、微分の逆操作として定義できないような関数も存在するため、より一般の、拡張された、上手い定義が必要になってくるのです。

実際、「(定) 積分」のより厳密な定義の1つは、「リーマン和の極限」として定義するやり方です。ほら、ここで「極限」が出てきましたね。そう、数理科学基礎の授業で学んだ「極限」の定義を用いて、今度は「(定) 積分」を定義するのです。

大学の数学においては、このように厳密な定義を重ねて、議論・論証を進めていきます。そのことを、これらの授業を通じて1年生から理系の全員が頭に叩き込まれます。

最後の線型代数学も微分積分学と同じく数理科学基礎に続く大学数学の科目で、「代数学」の入り口にあたります。この科目では、ベクトルや空間といった抽象的な内容を扱います。今では高校数学の課程外である行列なども、この科目で扱います。

ベクトルや行列なんて何の役に立つのだろうと、疑問を持ったことがある方もいるかもしれません。しかし、筆者自身が理学部物理学科に進学して、最も基礎科目として大事だと感じているのがこの科目です。

というのも、理学部に進学してからの専門科目として学んだ量子力学や統計学、自分の研究などの多くの分野で、線型代数で学んだことが生かされているなと実感したためです。例えば、量子力学における基礎方程式であるシュレディンガー方程式やディラック方程式では、ベクトル（ブラケットベクトル）を用いて抽象的な状態を表しますし、位置やエネルギー、磁化といった物理量はそれに対応する演算子（行列）を用いて計算を行います。

理学部だけにかかわらず、工学部や薬学部なども含め、理系の学科に進学予定の東大生であれば、線型代数の勉強は頑張っておいて損はないでしょう。

高校で数学を学ぶ際は、原理をそこまで深くは探究せず、ある種の運用力の養成を目的としている側面がありますが、ここまで見てきたように、**大学で数学をきちんと学ぶ際には、原理原則や定義などを慎重に突き詰めていく**必要があります。

その観点から、両者は質的に違う学問と感じられることがあります。「高校時代に数学が得意だったから、という理由だけで数学科に進学すると痛い目を見る」とも言われており、その主な根拠となるのがこの質的差異です。

しかし筆者にとっては、高校数学では曖昧にしか習わなかった概念や定理を、授業内で厳密な定義を構築し直して、その定義やそこから得られた定理を用いて証明するのがとても面白かったです。

大学で学んでいく数学の何たるかを身をもって体験するこの授業は、後期課程での学びの前提となる内容も多く、東大側が1年生に学んでほしいことが何か、伝わってくるようなカリキュラム設定になっているのです。

現代工学基礎

東大流イノベーションの作法

この授業のテーマは「デザイン思考によるイノベーション入門」です。サステナビリティ設計学の専門家を中心とする3名の先生から、広い意味での工学設計や問題解決を行う上で必要不可欠な思考法について学ぶことができます。

毎年異なる演習課題に対し、全12回の授業を通して班の中でひとつのアイデアを作り上げ、第13回目となる最終回で全体に向けて発表を行います。

私が受講したときの演習課題は「一人暮らしの大学生の時間を有効に使う製品／サービスを提案する」ことでした。与えられた条件は、「ベンチャーキャピタルに対する提案であること」のみ。

もちろん、いきなりテーマが与えられて「あとは頑張ってね」と放置されるわけではありません。イノベーションを引き起こすための、「デザイン思考」「サービス設計」「体系的設計方法論」「ロジカル思考」という4つの思考法を学びます。

システム思考とは論理的に情報整理を行う考え方です。課題をシステム全体から俯瞰《ふかん》的に捉え、システムの問題に収束させて考えることで、何か形にすることを目的としています。反対に、デザイン思考は感覚的に自由奔放にアイデアを生み出す考え方です。ユーザーの共感や満足に重きをおき、どんどんアイデアを広げていくような考え方です。

さらに、対象がモノであるかサービスであるかによっても着眼点が変わってきます。この授業ではこのように、イノベーションの思考法を体系的に学ぶことができました。

授業は**「問題設定」「アイデアを考える」「アイデアを試す」**の3つのパートに分

かれていて、まずはパート1の問題設定から始めていきます。上京して一人暮らしをはじめたばかりの筆者は「一人暮らし向けの製品やサービスは考えやすい」とどんどんアイデアを出しましたが、すぐに行き詰まってしまいました。それもそのはずで、そもそも「ターゲットを絞って製品を考える」という作業の「ターゲット」を自分に引き寄せて考えすぎてしまっていたのです。自分だけでない、世の中の多くの大学生は何を課題と感じているのか、という観点が欠けてしまっていたのです。

その反省をもとに、「大学生は運動不足である」ということを課題として、一人暮らしの狭い家でも簡単に一人でできるエクササイズのサポートアプリというアイデアが浮かびました。しかし、実際にペルソナを立てる、つまり解決策のカスタマーになる人を想像してみると、大学生はサークルや部活動など、運動不足を解消しやすい

	システム思考	デザイン思考
モノのデザイン	Engineering Design（体系的設計方法論）	Design Thinking（デザイン思考）
サービスのデザイン	Logical Thinking（ロジカル思考）	Service Design（サービス設計）

図表5　イノベーションの4つの思考法

環境にあることがわかりました。「大学生は運動不足である」という前提が覆ってしまったのです。

そこでブレインストーミングを用いて各自が考える問題点を洗い出し、ＫＪ法を用いてそれらを整理していきました。大学生というペルソナを突き詰めて考えてみると、勉強にサークル、アルバイトと多忙であり、過度な運動や夜更かしなどで無理をしやすく、身体のメンテナンスができていない、健康な生活ができていないという点に課題があるのではないかという仮説を立てることができました。

このように、**ペルソナを立てた上でロジカル思考を用いて仮説を立てる**という問題設定を経験しました。

パート2の「アイデアを考える」ターンでは、仮説のもとでペルソナの1日を分析し、自分たちの製品開発が介入できそうな部分を探していきます。時間を使って話し合った結果、大学生の姿勢についての問題を解決する製品を提案しました。

その名も「整体×クッション」です。普段使いするクッションを健康器具として発展させ、デスクワークをしている中でも身体のメンテナンスができる、という製品です。

パート3の「アイデアを試す」ターンでは、さすがに実際にクッションを開発することはできなかったものの、製品と連動する想定のスマホアプリをプロトタイピング専用のウェブツールを用いて再現し、実際にスマホとクッションを使っている様子を実演しました。

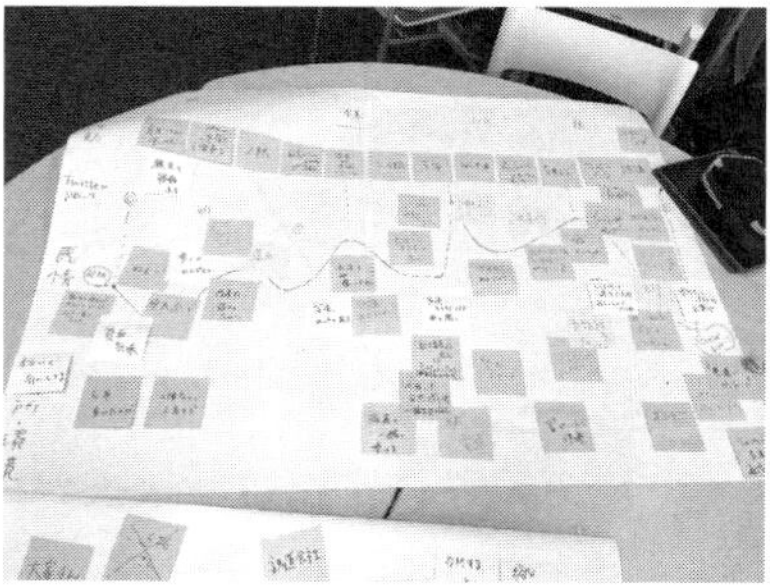

図表6　ブレインストーミングの風景

これまで筆者は、なんとなく課題を見つけてとりあえず解決策を考えてみるという作業をしていましたが、それがいかに非効率的であるかをこの授業を通して思い知りました。**課題解決のアイデアはひらめきやセンスによるものだと思い込んでいましたが、実際は正しい思考法を知っていれば、誰でもある程度精巧で妥当性のある案を導き出せる**ということが学べたのは大きな収穫でした。

社会システム工学基礎

首都を支えるインフラの裏側

社会システム工学基礎は、毎週別の教授が代わる代わる登壇し、首都・東京のインフラについてそれぞれの専門から語っていただくという講義です。「インフラ」という言葉はその意味するところがとても広く、自動車や電車の交通網、海・川などの治水、防災、また人間の動線など、非常に幅広い話が展開されました。

現代において、道や駅などのインフラには、さまざまな工夫が加えられています。この授業では、どのように空間を使えばより円滑で効率的な移動ができるようになるのか、といったことを学ぶものでした。

工学部系の授業だし、数学や物理の話が多いのかと想像していましたが、意外にも全然そんなことはなく、**むしろ文系の人の方が「面白い」と感じるものが多かった**です。もちろん、「なぜ渋滞が起こるのか？　渋滞を防止するためにはどのような角度で道を作ればいいのか？」といったコアな話もありましたが、それよりはむしろ、人間の認知の傾向をいかに空間演出に活かすかということがテーマになっていました。

例えば、こんな標識を見たことはありませんか？

これは、歩行者と自転車の共存空間を演出するために作られ

図表7　「車道側を」「たてもの側を」の標識（筆者撮影）

た標識ですね。これも、ただの障害物ではなく、このように通行する人たちの住み分けを行っていると解釈できます。

また、道路には安全島が設置されていることがありますよね。こんなやつです。

「これ、なんのためにあるんだろう？」と考えたことはありませんか。

1本の長い横断歩道を設置すると、その分歩行者の横断時間を長く取らなければならず、車の通行が難しくなって渋滞が発生してしまいますが、安全島を用意することで渋滞を緩和できるのだといいます。

図表8　安全島（Wikipediaより）

このように、**普段見ている光景の中にも、インフラを円滑に進めるために必要なものが多い**のだということに気付かされました。

面白かったのは、こうした空間デザインの工夫が、円滑な交通だけでなく、商業的な効果も出てくるということでした。土木学会デザイン賞を取った出雲大社前・神門通りの事例では、歩行者空間を広くしたり、照明などのデザインを工夫したり、路面を石畳にしたりすることで、お客さんが増えたり移動が楽しくなるような工夫がされていたのだといいます。普段目にしている当たり前の光景であっても、ここまでしっかり考えられているものなんだなという発見がとても面白かったです。

筆者は、東京副都心・新宿に位置するターミナル駅である新宿駅にある、メトロプロムナードという道に注目したレポートを出しました。ＪＲ中央東口改札に近く東京都庁・伊勢丹・歌舞伎町・小田急百貨店・紀伊國屋等へのアクセスを一手に担う、東京メトロ丸ノ内線新宿駅〜新宿三丁目駅間にある地下連絡通路、それがメトロプロムナードです。ここは、「地下鉄の駅を便

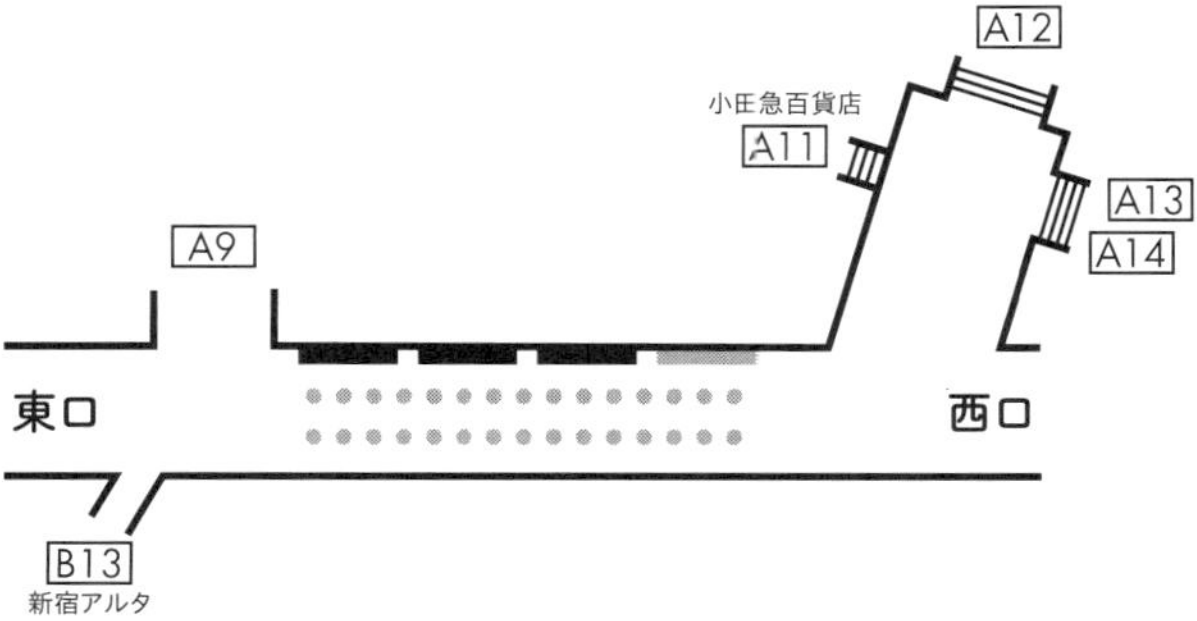

図表9　新宿駅の地図（一部）
※「交通広告ナビ」（https://www.koutsu-navi.com/news/23698/）をもとに作成

利に楽しく変える」というコンセプトのもと作られたこの連絡通路であり、随所に工夫が見られました。

まず、メトロプロムナードの入り口、丸ノ内線新宿駅近辺の通路には、たくさんの柱があります。一見すると障害物のように感じられますが、これは利用者の通行の方向性を規定しているものです。ただ道が広がっているだけだと、違う方向に進む人とぶつかってしまうため、通行が困難になります。しかしここに柱を置くことで、進む方向を規定することができるわけです。

しかも興味深いのは、この柱が商業的にも利用されているということです。例えば図表10のようにコマーシャルが映されています。

この広告宣伝料は駅の運営資金として使われていて、さらに昨今では写真だけでなく映像も流せるようになっています。

図表10　駅の柱に掲示されている広告（筆者撮影）

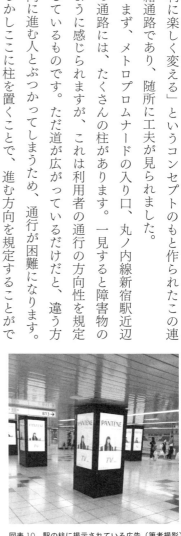

このように、ただの移動手段ではなく、流行を発信するような場所としての新宿駅活用が行われているのがとても面白いと感じました。

この講義を通じて、**自分が普段何気なく暮らしている東京という街について、実は何も知らない**ということがわかりました。よく考えてみれば、これだけの人口密度がある大都市の秩序を維持するということは、並大抵のことではないはずです。さまざまな視点から丁寧に設計され、あるいは対処された街だと思うと、東京というこの生まれ育った都市のことがもっと好きになりました。

余談ですが、最新の「社会システム工学基礎」のシラバスを検索してみると、COVID-19をテーマに扱う回があり、時代を感じました。確かに、コロナ禍という大混乱の中で、東京という大都市がいかに機能したのか、機能しなかったのかは検証されるべき課題だと思います。こうした**最新の研究についても話が聞けるという点には、東大という環境の贅沢さを感じざるを得ません。**

総合工学基礎

錚々たる第一人者たちに学ぶ航空宇宙学

東大で開講される「総合工学基礎」という名前の講義は複数あり、担当する教員陣によって授業内容が大きく異なるのが特徴です。今回ご紹介するのは、航空宇宙概論の講義です。工学部、特に航空宇宙工学科に所属する教員が毎週代わる代わる登壇してオムニバス形式で講義をしてくださいます。基本的には各教授が自身の研究について解説するという内容で、航空機の設計、重力の計算、推進剤の開発、破壊に関する力学、航空機の事故防止策、ロケット開発の歴史など、授業内容は多岐にわたりました。

具体的な授業内容に触れると、個人的に一番印象深かった回は、「破壊力学」でした。破壊力学とは、物がどうしたら壊れるのか、壊れやすさ・壊れ方に規則性はあるのかを研究する工学の一分野です。この授業で初めて破壊力学という分野の存在を知ったのですが、ロケットや航空機の事故防止に極めて重要であるとともに、生命系や地震の解析などにも応用されていて、私たちの生活に欠かせない重要な学問であることはすぐに理解できました。

また、教授陣が自身の研究室やゼミに関しての情報も多く提供してくださるのも魅力で、文系の筆者にも**小型飛行機を自作して飛ばすという集中講義のお誘い**が授業後にありました。飛行機の設計・デザイン・制作までもすべて学生が行う講義らしく、かなり実践的で面白そうで、時間割の都合でどうしても受講できなかったのに今でも心残りがあります。このように、**文系の勉強ばかりしていては出会えないような学問に出会えるのも、文理の垣根を超えて講義を受講できる東大のいいとこ**ろだと思います。

筆者はもともと地学が好きで、宇宙開発事業に強い関心を持っていたのでこの授業を履修したのですが、実際の内容は地学というより工学寄りでした。それでもなお楽しく受講できたのは、工学系と言いつつも難しい数式を扱うことがほとんどなく、画像や文章を用いた説明が中心だったからです。

この授業はオムニバス形式であったため、各教員は高度で専門的な内容までは踏み込まず、限られた時間の中でそれぞれの研究分野の概論と最先端の研究の話をしてくださいました。**どの方も各分野における大御所の先生ばかりで、東大のすごさを感じました。**中には「はやぶさ2」の打ち上げに携わった教授や、過去にJAXAで仕事をされていた方、NASAと共同でプロジェクトを行っていた方々もいて、航空宇宙系の学科に進学したい学生にとっては夢のような布陣だったことでしょう。実際、理系の東大生の中でも工学部の航空宇宙工学科は人気の進学先です。

ひとことで航空宇宙工学と言っても、教員の方々は航空機の設計を専門としている方、ロケット部品の開発を専門としている方、地球から宇宙空間へロケットを飛ばすために必要な力や地球の重力について研究している方、破壊に関する力学を専門にしている方など多種多様です。1つの学問の中にも様々に細分化された領域があると知り、学問の奥深さに触れるとともに、「東大の工学部に行けば自分のやりたい学問はなんでもできるのではないか」という強い安心感が芽生えました。

これほどの先生方の指導のもと、学生自身もやがてそうした研究に参入できる設備と環境が整っている東大の強みを実感できるのがこの講義でした。

東大で行われている研究は、その学問でも最先端を行っていることが多いです。学部に進学してからは、その環境に身を置いて、自分が研究する側、新しいことを発見する側、もしくは何かを作り生み出していく側になり、フロンティアに身を乗り出していくことができるのではないかと強く感じられ、学問への情熱や、東大で学ぶことの素晴らしさを再確認できた授業ともいえます。

認知科学

あこがれの研究者に学ぶ脳のメカニズム

認知科学の基礎を学ぶ「人間行動基礎論」は非常に人気が高い講義です。文系と理系でそれぞれ担当教員が異なりますが、ここでは理科生向けの講義をご紹介します。

認知科学とは、人間が外界から刺激を受け、認識したり反応したりする知的な能力はすべて脳の情報処理によるものであるという立場に立ち、心理学や神経生理学、情報工学などさまざまな視点を用いて脳科学について勉強できます。

なんとなく難解な印象を受けますが、実際はキャッチーで刺激的な授業です。というのも、この授業の最大の特徴は数々の錯覚デモや模擬実験を体験しながら脳の情報処理のメカニズムを勉強していくものだからです。

例えば、以下のような錯覚の絵を見たことがある人も多いのではないでしょうか？

これはフレーザー・ウィルコックス錯視を応用させた図です。**ぼんやりと絵を眺めていると円がぐるぐると回っているように感じますが、これは実は脳の働きによるバグなのです。**

人間の目は1点を見つめているようでも実際はわずかに動き続けています。「固視微動」という、視覚が崩壊するのを防ぐために必要な動作です。人間の網膜上の光受容体は変化を検知するため、人間は全く動かないものをずっと眺めているとその物体を認識できなくなってしまうのですが、しかし眼球がずっと揺れていると脳内の像も揺れてしまう

図表11　北岡明佳「周辺ドリフト錯視からわかること」（日本基礎心理学会・東京大学教養学部自然科学博物館主催「イリュージョン・錯覚から知る心と脳の働き」https://www.psy.ritsumei.ac.jp/akitaoka/todaisympo2005.html より引用）

ため、脳内ではブレ補正機構が働いています。その補正機構が誤って働いてしまったためにこのような錯覚が引き起こされるのです。こういう物理的なメカニズムを解明するのが認知科学です（第2章「文系」の心理学と読み比べてみてください）。

特に印象的だったのは有名な「スタンフォード監獄実験」です。これはかつてスタンフォード大学で行われた実験です。一般の大学生被験者をランダムに看守役と囚人役に割り振ると、看守役はしだいに自発的に罰を与えるようになります。本来2週間の試験期間をとっていましたが行動の激化によって6日で中止されるなど、役割や状況が人の行動を大きく変えることを示した刺激的な実験です。その他にもアイヒマン実験という人の残虐性を示す実験や、思い込みが人の行動を変化させるというプライミング実験まで、人はいかに影響されやすいか、逆に状況や環境で人はいかようにも変化できるという可能性まで学ぶことができました。

また、身近なところでは感情と行動の連関についても科学的に学ぶことができます。

みなさんは学校や仕事があると思っていた日が実は休みだったとき、ただの休日よりも嬉しいと感じることはありませんか？

これは「報酬予測誤差」といい、脳内のドーパミンニューロンは予想通りの報酬にはあまり反応しないけれど、思いがけない報酬があると強く応答するという特徴があるためです。逆に報酬があると予測していたのに何もなかった時には抑制されるという特徴を持っていて、より報酬がもらえるような行動を起こさせるために働いているのです。


筆者は脳科学の勉強をしたいと思い、東京大学に入学しました。そして、そもそも脳科学に興味を持ったきっかけは、この先生の特別講義を高校時代に受けたことでした。

個人的な話になってしまいますが、筆者は高校生の時に「高校生と大学生のための金曜特別講座」という東京大学のプログラムで、「東大版心理学概論」というテーマの講演を聞き、その内容の強烈さに**「東大に入学できたらこの先生の授業を受け**

たい」と強く思いました。その一念で受験生時代を乗りこえてきた筆者にとって、この授業は受験生時代からの目標が達成された瞬間でもあったのです。

身近な錯覚や数々の実験を勉強していくうちに、自分たちの知覚がいかに脆《もろ》く、正しくないかを実感しました。特に過去の経験や記憶すらも確かではなく、簡単に書き換えられるものだと科学的に理解できた面白さから脳科学にのめり込んでしまいました。

認知科学の授業の中で、特に興味深かったのは「脳の機能局在」です。脳はそれぞれ独自の処理をする機能単位に分かれており、視覚ひとつをとってみても「なに」に関する情報は側頭葉に向かい、「どこ・いつ」に関する情報は頭頂葉に向かって分かれて処理されます。その後それぞれの脳部位は別の脳部位に投射し、それが何かを理解したり、身体の動作を制御したりするのに用いられます。そういった数えきれないほどの経路で情報が同時に処理され、さらに厳密な階層性を保ちながら身体を制御している点が非常に興味深く感じました。

この授業に感銘を受けた筆者は、教授に無理を言って自分の進路相談に乗っていただきました。自分が人間の認知機能の個人差に興味があることなど、バックボーンから親身になって話を聞いてくださり、文系大学院研究室に進学することのメリットや研究者としてのキャリアについてさまざまなことを教えてくださいました。

現在筆者は薬学部で電気生理的手法を用いて神経科学の研究をしています。脳の機能として何が一番知りたいかを考えた結果、実際に脳に直接働きかけることで記憶や社会行動がどのように変化するのかに興味があったためです。分野は少し離れてしまいましたが、人間の脳波を用いて非侵襲的な手法で研究する先生の研究は非常に印象的で、**受講から数年経った今でも強く心に残っています。**

第4章

学際分野

コンサルティング

アクセンチュア×東大で学ぶコンサル実践

東大では「全学自由研究ゼミナール」という区分の授業が開講されています。この区分では文理に分けることのできない科目や産学連携をテーマにした授業など、バラエティあふれる授業が展開されています。

ここで紹介する授業は、**外資系コンサルティング会社のアクセンチュアと共同で開催された授業**で、コンサルティングの手法を身につけ、さらに実践してみよう、というテーマです（正式名称は『【アクセンチュア×東大】私たちが今ほしい未来を提言――インサイト探求、アイデア創出、アイデア検証、企業への提案まで体験しよう！』です）。

前半はアクセンチュアの社員の方を中心とする講義があり、後半にグループでディスカッションを通して講義の内容を実践していくという形で展開されました。また最終回にはコンサルティングする対象となる分野の企業のマーケティング担当者を複数招待し、グループワークを通して作成したプランを発表する機会がありました。

最初の対面授業で受講者が4～5人のグループに分けられ、それぞれが小売、自動車、ＩＴ、教育のいずれの業界を中心に考えていくのかを決めました。そして具体的にアクセンチュアで使われている現状分析の方法やアイデアの出し方、ＰｏＣ(proof of concepts：考えたアイデアが実現可能かどうかの調査）などを講義で学んだのち、それを各業界で実践します。

筆者のグループでは小売業界の売上を上げる方法を考えることになりました。ある時、抽出した課題の解決方法を誰も思いつけなくなり行き詰まっていたところ、社員さんから**「もしあなたが魔法使いだったらどうしますか？」**というアドバイスを受けて、不思議なことにその後、新しいアイデアがどんどん出るようになりました。社員さんはそれぞれのグループに1人ついてくださり、サポート体制が充実していると思いました。

他にも、「現状分析と解決策の提示は全く別物である」という話も印象的でした。コンサルティングにおいては課題の解決が最も大きな目標だからこそ、つい先に解決策が先行し課題解決が後付けになってしまいがちですが、そうならないようにという指摘を多く受け、自分たちだけで考えていてはなかなか気づけない指摘に学ばされました。

その次の授業では各業界と長年関わっている識者がゲストとして登場し、それぞれの業界の現状や現実に抱える課題を教わりました。「小売業界は大きな会社の力が増加している」というような、ニュースでは聞けない業界の生の声を知ったことは、課題発見や課題設定をする上でのヒントともなりました。

また、コンサルティングの授業を選ぶ人の中には起業準備をしている人やコンサルティング会社や外資系企業に興味のある人が多く集まっており、新たなコミュニティを作る出会いの場ともなりました。この点にも大きな価値を感じました。

最終的に筆者のグループは、小売店でレンタルサービスを展開して客の来店回数を増やすというプランを提案しました。実際にサービスを利用する人がいるのかという点を調査やベンチマーク事例によって示したことが、実際の小売業界の方から好評をいただけたことはとても嬉しかったです。

この授業では、いわゆるコンサルティング会社が普段どのようなことをしているのか知ることができました。実際に中の人からアクセンチュアという会社について説明される機会があったり、授業内でも普段の仕事の話や行き詰まった時にどうしているか、悩みへの立ち向かい方といった話を聞くことができました。さらにアクセンチュアが外資系企業ということもあり、社員の方のコミュニケーションから、外資系特有の上下間の関わりも含めた企業内の文化を感じとることができました。

この授業は**学校外の実社会との接点を与えてくれる**ものでした。相手方も東大の授業として入念にプログラムをたて、しっかり準備をしていただいています。また東京大学自体のコネクションのみならず、アクセンチュアのつながりのおかげで、各業界の現状紹介や企画の発表会において誰もが聞いたことのあるような大手一流企業の上層部の方に来ていただくことができ、とても価値のある授業だと思いました。

体育

東大生はスポーツから何を学ぶか?

東大の1年生が全員履修する科目が「身体運動・健康科学実習Ｉ」、通称「スポ身」です。正式名称で呼んでいる東大生は誰一人いないのでは……というくらい「スポ身」という通称が普及しています。この講義は、高校までの教科でいう「体育」のような講義です。週に1コマ、体を動かすことが東大1年生のカリキュラムに組み込まれているということです。2度の体力テスト、身体機能に関する座学などの全員共通の部分と、バスケットボール、バレーボール、フィットネス（筋トレやストレッチ）など自分で種目を選んで参加する部分から構成されています。

筆者は高校まで文化部で、あまりスポーツに慣れ親しんでこなかったので、漠然と何かスポーツがしてみたいなという気持ちがありました。サッカーやバスケはそれなりに経験者がいて実力の差が出てしまいそうなイメージがあったため、あまり経験者がいなそうで、自分のような初心者でも試合に参加できそうな、ソフトボールを選択しました。

「なんで東大にも体育の授業があるんだ?」と最初は疑問に思っていました。実際、最初の講義で体力テストを行ったのち、数週間は普通にソフトボールをするという時間が続いていたので、高校までの体育と同じように感じていました。しかし数週間授業をしたところで、しっかりと東大チックな話が差し込まれました。**スポーツという分野においての考えをレポートにまとめる**ことを求められたのです。

例えば筆者のグループでは、「子どもがボールを投げる力の低下傾向が続いていること」についての論考を求められました。実は、1960年代の子供たちと比較すると、11歳男子のソフトボール投げは65年度が「34・40メートル」、それに対して2019年度は「26・65メートル」と大幅に小さくなっているのです。この原因は何なのか、そしてこれがどのような影響を及ぼす可能性があるのかを考察する、というものです。

体育にもそんなふうに考察することがあるのか⁉　とびっくりしたわけですが、これが意外と面白いんですよね。まず、1960年代の子供たちの投げる力がなぜ強かったのかというと、「メンコ」の影響が考えられます。昔はメンコで遊ぶ子供たちが多かったため、ものを投げるという習慣があったのです。メンコを叩きつけるあの動きは、実はボールを投げる動きと同じでしたが、その遊びがなくなってしまい、また野球やソフトボールをすることも少なくなってしまったため、ボールを投げる力が低下してしまっているのです。

そしてボールを投げる力が低くなってしまうと、肩の筋肉が落ちて、肩こりや腰痛の原因になってしまうことがあるとのこと。このようなことを考えるのは純粋に面白く、体育にもいろんな効果があるんだな、と感心しました。

　このように、自分自身も含めて日本人はどの筋肉が落ちてきているのか、どんなスポーツや身体運動が得意に、そして苦手になってきているのか、そしてどうすれば問題を解決できるのかを考えるという経験は他になくて、面白かったです。

　学校の授業において、体育は勉強とは結びつきにくい科目です。医学部の人なんかは人の体を理解するために勉強する必要があるのかもしれませんが、文系の筆者にとっては、体育はただの「体を動かす時間」でしかありませんでした。それが、**「体育からでも学ぶことがある、学べることがある、学ぶべきことがある」**ということを知れたのは、非常に自分にとって有益だったと感じます。

　話をソフトボールに戻すと、「もっと面白いソフトボールのルールを考えてみよう」というレポート課題がありました。投げる力が弱くなってしまっている現代において、どんな体育の授業をすべきなのか、どんなルールがあればもっとソフトボールが楽しくなるのかを考え、そして実際にみんなでやってみるのです。

筆者のグループでは、バッターボックスに入るたびに自己紹介をしたり、趣味や出身地を質問したりするのはどうか、という話になりました。そして、「ピッチャーが相手チームの自己紹介に茶々を入れる」というゲームをすることになり、相手チームの自己紹介に野次が飛んだり茶々が入って盛り上がる、ということが発生したのでした。

この講義を通して、**ただ運動をするというだけでも、頭を使う余地がある**ということが実感できました。運動1つとっても頭を使い、合理的に体を動かそうという姿勢に東大らしさを感じました。

ゲームデザイン論

ゲーム研究を踏まえて東大ならではのゲームを作る

この「ゲームデザイン論」最大のテーマは、**人類にとっての「あそび」とは何か**を考えることです。前半6回の講義では様々なゲスト講師をお招きし、それぞれの観点から「あそび」について語っていただきました。

ある回では、様々な「あそび」が時代や地域をまたいでどのように関わり合っているのかを考察する、という講義が行われました。昔から人類は、「あそび」を通じて相互の関係を深めてきました。日本だったら「かけっこ」や「けん玉」などが伝統的な「あそび」として挙げられます。海外でも「ドミノ」や、「かくれんぼ」、あるいは「クリケット」など、多種多様な「あそび」が生み出されてきました。現代では「あそび」と先端技術がリンクし、電子ゲームが流行しています。そういった時代の流れがあることを知りました。

また別の回では、現代のゲーム市場においてどのようにしてゲームを作り上げていくのか、その道の先駆者からお話を聞けたこともありました。魅力的なストーリーをつくりあげるだけではなく、それを実際に動かしていくための技術的な側面や、どのように売り出すかというマーケティングの側面に着目したお話もあり、一口にゲームと言っても多面的な見方ができるのだと学びました。

特に興味深く印象に残っているのは、ゲームメーカーの勢力の変遷の話です。ゲーム市場が盛り上がりを見せた20世紀後半から21世紀前半にかけて、どのようなビッグタイトルが存在し、どのメーカーが覇権を握ってきたかをうかがったのですが、聞き慣れた名前がたくさん出てきて、真面目な文脈とゲームメーカーの名前のギャップに面白さを感じました。また「覇権を握っていたメーカーの没落劇」といった内容も触れられました。今では飛行機のディスプレイでしか遊ばないような「パックマン」や「インベーダー」などのゲームが、かつてどれだけ世界に影響を与え、どのようにして他のゲームに道を譲ることになったのかを知ると、そのタイトルに対する見方が変わってきました。

そしてゲーム開発の歴史上、21世紀前半はどれだけ技術的な革新をできるかがキーポイントでした。ハードウェアで行うゲームは音、視覚、触覚、聴覚など多くの感覚を使う以上、より解像度をあげたデバイスを作り上げられるようにメーカーが多くの努力をしてきたこと、その推移を知れたのはとても興味深かったです。

後半6回の講義では、グループに分かれて**実際にオリジナルの「あそび」を作成します。**先輩大学生のメンターがグループにつき、ゲームの企画立案を行います。

この企画立案パートは、ゲームを作るのがあまりに楽しくて、毎週講義の1時間前には教室に行ってグループのメンバーと話し合いをしていました。何が面白かったかというと、「失敗を繰り返しながら、少しずついいものへと作品を造り上げていく過程」を経験できたことです。

ゲーム作りで困ったときには、前半のゲスト講義の内容を思い出しました。すると、6回の授業はそれぞれ相互に関係がないように見えて、よくよく振り返ってみると、ゲーム作成に必要な要素は一通り教わっていたことに気づきました。コンセプトを考えるためには核と外観を重視すること、設定や世界観は自分たちの興味から作り上げること……講義から得たヒントを活かしつつ、最終回が近づくにつれ、自分たちの作品が形になっていきます。

筆者のグループでは、メンバーとの話し合いで話題に上がった「人狼《じんろう》」というワードがブレイクスルーになりました。人狼は何が面白いのかということを要素ごとに因数分解して考えてみると、やはり「誰が裏切り者かわからない」という点、つまり駆け引きという心理戦の要素にあるのだという結論に至りました。この「裏切り者」「駆け引き」という心理戦の要素に加え、普段は使わないような身体的な動作を取り入れたら面白いのではないかというアイデアにたどり着きました。

そこで**「裏切り者」×「バランスゲーム」**を採用し、ゲームを同一空間で行うことでプレイヤー同士が心理的・身体的な経験を共有できて、面白い「あそび」になるのではないか、というコンセプトを中心に据えてゲーム作りを進めていきました。

最終的に出来上がったものは、船の形をしたアイテムを指で支えながら、みんなで協力して小さな船と柱を積み重ね、3段積み上げることを目指すゲームです。しかし、プレイヤーの中には裏切り者がいて、協力しているふりをしながら積み上げたものの倒壊を目指して動きます。しかし、自分が裏切り者であることがばれたら敗北するので、こっそり行わなければならない、というところに心理戦の要素を取り入れました。

世界観には「壇ノ浦の戦い」を採用しました。プレイヤーは、戦いのさなか漂流した源氏の武士です。助かるためにみんなで船を積み上げて陸にあがろうとしますが、その中には実は平家の武士が紛れ込んでおり……助かりたいと思う源氏（ビルダー）と源氏もろとも道連れにしたい平家（スクラッパー）でそれぞれの思惑が交差する中、どのような結末になるのか。その名も**「壇ノ浦サバイバー」**です。

最後には全体発表を行い、最も面白そうなゲームをプレゼンで決めました。「壇ノ浦サバイバー」は心理的な面白さと身体的な面白さを掛け合わせたことと独特な世界観が評価され、総合評価で1位を獲得しました。

この授業で学んだことの1つは、歴史から学ぶことの重要性です。先人たちの取り組みを理解することが、新しい創造への近道となることを実感しました。また、ゲームデザインの多面性も知りました。一言で「あそび」をデザインすると言っても、アイデア創出、技術的実装、マーケティングなど、多岐にわたる要素が必要とされることを学びました。

それに、**創造性というのは多様性がもたらす**のだということもわかりました。異なるバックグラウンドを持つメンバーとの協働が、予想外の化学反応を生み出し、素晴らしい作品につながることを体験しました。

この講義は決して楽な授業ではありませんでした。ただ、そんなことはどうでもいいくらい面白くて、気づけば前のめりに参加していました。第一線で活躍している方のお話、情熱的なメンバーとのトライ&エラー、徐々に見えていく自分たちの作品の完成形。どこを切り取ってもかけがえのない体験でした。

楽だけど興味のない授業はたくさんあるかもしれません。反対に、自分の趣味とマッチした本当の意味での「学び」となる授業は探すのがとても大変です。あそびやものつくりに少しでも関心のある方には、とても楽しめる講義ではないかと思います。

森林環境資源学

さまざまな学問で森林を多面的に知る

東京大学の保有する土地の面積は、約3億2600万平方メートル、東京ドームに換算すると約6969個分にあたるそうです。このうち、駒場キャンパスが約35万平方メートル、本郷キャンパスが約55万平方メートルなので、東大の保有する土地の大半が「キャンパス以外」であることがお分かりいただけるでしょうか。

実は東大は、北海道や山梨、静岡など7か所に、広大な森林を演習林として保有しているのです。東大の総面積の99％が演習林だと言われています。

東大の授業の中には、実際にこの演習林に赴《おもむ》き、自然の中でフィールドワークを行うものがあります。「森林環境資源学」もその1つです。教室で森林環境の保全に関する講義を受講し、それから1泊2日のフィールドワークに参加して、教授を交えてディスカッションを行います。

授業の流れとして、まず普通の科目と同じように、教室で全8回の講義が行われます。森林がどのように形成されたのか、経済・経営という観点から見た森林、資源という観点から見た森林、防災という観点から見た森林……というように、森林がどれだけ多様な側面を持ち、自分たちの暮らしと密接に関わってきたのかを学びました。森林を取り巻く行政施策や法制度まで学び、改めて「森林」という存在を捉え直す時間となりました。

この授業で、普段目にしている自然環境に対しての無知を痛感させられました。まず、森という存在がどれだけ日本という国土の保全のために必要なのかということ。ただ木が生えている場所というわけではなく、その森があるおかげで、洪水や土砂崩れが防がれているかもしれないのです。そしてそれが今とても危機的な状態になってしまっている、というのは衝撃的でした。

そして、この授業の最大の特徴はやはり、実際に東大の演習林でのフィールドワークです。フィールドワーク先と日程は複数用意されており、それぞれ定員が決められていましたが、筆者は千葉県の鴨川にある演習林で、森が健康か不健康かを調査することになりました。実際に森を歩き、森林内の明るさ・下草の種類などを調べ、健康指数を算出したのです。普段目にしている森が、もしかしたらすごく不健康な状態なのかもしれない、ということを実感して、とても恐ろしくなった記憶があります。

レポート課題では、「石木ダム」という佐世保市のダムの建設に対しての意見を述べよ、という問いが出されました。石木ダムは建設についての反対意見もあり、この授業内容を踏まえて賛成か反対かしっかりと考えよ、ということです。ダム建設についての議論はニュースでよく聞きましたが、それに対して自分で考えて答えを出すというのは新鮮で、**東大の授業は社会問題への自分なりの考えを導ける人を求**

めているんだ、と感じました。

その上で自分は、「本当に１００年に一度の水害に、石木ダムでしか対応できないのか」という議論をレポートで書きました。「１００年に一度」という表現は、２０１５年９月に鬼怒川が決壊した時のもので、その際にも「１００年に一度の洪水に耐えるダムではなかったのか」という批判がありました。１００年に一度というのは、「１年のうちに発生する確率が１％の大雨」という意味であり、20年間のうちにその大雨がある確率は約20％となります。

１００年に一度の洪水に対応できるダムを建設することは難しい。それでも未《み》曾《ぞ》有《う》の災害が発生すれば国は批判される。このようなリスクマネジメントの点をどのように捉えるのかによって、物事の捉え方は大きく変わってくる——そういうレポートを書きました。

この授業で学べることを一言でいうと、**「森にも健康な状態と不健康な状態があ**

り、**日本の森林は、かなり不健康な場所が多くなっている**」ということでした。

そもそも今日本にある森のほとんど、99％以上は、人工林です。どこかのタイミングで人が植えた森ばかりで、手が入っていない森、つまり原生林はほとんど存在しません。逆にとても珍しいことから、屋久島や白神山地などは世界遺産になっています。

そして人工林は放っておいてはいけません。きちんと手入れをすることが求められます。この手入れのことを「間伐《かんばつ》」といいます。木と木の距離を一定に保ち、太陽光がしっかり均等に森に入るようにしなければなりません。逆にこの間伐をしないと、木々が密集して過密になってしまい、下にあまり光が当たらない、暗い森になってしまいます。

この暗い森は、森として「不健康」だと言えます。木々が密集して過密な状態になってしまい、どの木にも栄養が回らず、強い風が吹いたりすると一気に倒れてしまうかもしれません。そしてこれは、別の問題を発生させてしまう可能性があります。森は「緑のダム」と呼ばれるように、保水力がとても高いです。雨が降った時に、森の下の地面には水が溜まりやすいのです。だからこそ、この森が不健康だと、大雨が降った時に洪水が発生してしまったり、地面の土が流されて土砂崩れが起こってしまったりする可能性も高くなってしまうわけです。

しかし現在、森林を管理する人も高齢化してきており、そのせいで森林がどんどん不健康になっています。日本という国がこれからどのように森林を管理していくかは、実はとても重要な観点になってくるということを、この授業から学びました。

サウンドデザイン入門

第一線のクリエイターから教わって実際に音を作る

東大は、基本的には古典的学問を学び、それを研究することに主眼が置かれています。しかし、この授業は珍しく、学習や研究のみならず、**実習を通してクリエイターとしての知見を得ることを最重要視しています。**

サウンドデザインとは、単に音楽のみならず、効果音や雑音といった「音」全般を対象とするものです。世界には、テレビやゲームのBGMや効果音、車が走る音、鳥の鳴く声、雨の音、木々が風に揺れて擦《す》れる音など様々なサウンドであふれかえっています。そんな音にあふれる世界の中で、自分たちで音を作り出すことや、世界に対してどのように自分たちが音を付け足していくか、を学びます。

主な対象は「映像」と「ビデオゲーム」の2種類で、それぞれゲスト講師から、サウンドを作る際の思想、手順、専門的な技術をレクチャーしていただけます。映像では東京藝術大学名誉教授で、コンサート作品やコンピューターミュージックの音楽作成に加えて、NHKのドキュメンタリー番組の音楽をも担当されていた方に、映像のカット割の分析方法と、道具から効果音を創る方法を教えていただけました。「ビデオゲーム」の方では、ゲーム音楽についての研究家であり、作編曲家としても活動してゲームやライブに楽曲を提供したり、音楽配信をプロデュースしたりという実績のある方から、実際のゲームの効果音やBGMを分析しながら、PCソフトを使って実際に作曲をする方法を教わりました。

ビデオゲームのゲスト講師からは、「ダイエジェティック」という概念が紹介されました。ダイエジェティックサウンドとは、物語の場で実際に流れている音、その作品世界の中にある音を意味します。反対に、作品世界には存在しない音をノンダイエジェティックサウンドといいます。

筆者がこの講義を受けていた時期はちょうど「ゼルダの伝説」の新作がリリースされた頃で、「ゼルダの伝説」のプレイ画面を実際に見ながら、「敵の鳴き声や攻撃音はゲーム内の操作キャラにも聞こえているはずだが、ステージのBGMはどうか？　武器を変更した時の効果音は？　メニュー画面を開く時の音は？」と、その音がゲーム内部のキャラクターにも聞こえているのか、というある種哲学的な事項を丁寧に解説していただけたのが興味深かったです。

さて、この授業には最終課題というものが存在します。それは普通の試験やレポートではありません。この授業は実習を重視していて、最終課題は「オリジナルのサウンド作品を制作する」というものです。具体的には、2人のゲスト講師の専門分野である、映像と「デオゲームのうちのどちらかでオリジナルのサウンド作品を作ります。映像の方では、映像の素材を撮影したり、映像を編集したりした上で、サウンドと音楽を作るという、本当にゼロからの制作になります。「ビデオゲーム」では、指定のビデオゲームのプレイ映像があらかじめ与えられ、それにゲームBGMとサウンドを付け足すものになっています。

筆者は後者のビデオゲームで最終課題を制作しました。「メタルギア2」というゲームのプレイ映像にサウンドを足すのですが、このゲームの音声に関する情報は受講者に対して伏せられています。ゲームの雰囲気や世界観、ストーリーを理解した上で、それに沿うようなサウンドを考えます。ビデオゲームであるため、サウンドを作る際には生音を録音するというよりも、PC の専用ソフトを用いて自力で作曲する作業がメインです。自分は曲を作ったことはあったものの、効果音やゲームサウンドという新しいジャンルの音の作成に挑戦しました。

映像作品を作っているグループは、東大の駒場キャンパスで集めた実写素材を使用しつつ、サウンドが映えるような映像を作っていました。

最終授業では、自分たちが作った課題が大学内のシアターで上映されます。非常に整った音響環境で自分のサウンドが流れたのは非常に良い経験でした。専門家であるゲスト講師から直々にフィードバックをいただけたのも貴重な経験で、クリエイターを目指す人には特に刺激的な経験になったはずです。

机の上の勉強だけではない、多様な経験を積むことができるのも、東大の自由な履修のいいところだと感じました。

おわりに

『東大1年生が学んでいること』、いかがでしたでしょうか？

おそらく読んでいただいた感想として、東大生は「教養」を身に付けている人が多いんだな、と感じられたのではないかと思います。

英語の知識を前提として、それを応用してヘブライ語を学ぶ。社会や理科の知識を前提として、それを応用して森林を学ぶ。机の上で学んだことを前提として、それを社会や自然に対して応用していく力のことを「教養」と呼ぶのではないかと考えられます。

高校までの勉強というのは、部活動で言うところの走り込みのようなものです。

体力作りとして必要なものだけど、それ自体が楽しいわけではない。大学に行って、実際にテニスでもサッカーでも野球でも、試合をしてみて初めて楽しめるようになる。でも、体力がないとどんなスポーツも楽しめない。そういう意味で、国数英理社というのは、走り込みと同じなのです。

「勉強はつまらない」と感じている学生の方も、「勉強なんて何の意味もない」と考えている大人の方もいると思いますが、しかしそう決めつけるのは早計かもしれないわけですね。

この本を通して、多くの人が勉強に対してポジティブなイメージを持ってもらえるようになるのであれば、とても嬉しく思います。ありがとうございました。

東大《とうだい》1年生《いちねんせい》が学《まな》んでいること

二〇二五年 三 月一七日 第一刷発行

著者 東大《とうだい》カルペ・ディエム

発行者 太田克史《おおたかつし》
編集担当 片倉直弥《かたくらなおや》
監修 西岡壱誠《にしおかいっせい》

発行所 株式会社星海社
〒一一二-〇〇一三
東京都文京区音羽一-一七-一四 音羽YKビル四階
電話 〇三-六九〇二-一七三〇
FAX 〇三-六九〇二-一七三一
https://www.seikaisha.co.jp

発売元 株式会社講談社
〒一一二-八〇〇一
東京都文京区音羽二-一二-二一
(販売)〇三-五三九五-五八一七
(業務)〇三-五三九五-三六一五

印刷所 TOPPAN株式会社
製本所 株式会社国宝社

アートディレクター 吉岡秀典《よしおかひでのり》(セプテンバーカウボーイ)
デザイナー 五十嵐《いがらし》ユミ
フォントディレクター 紺野慎一《こんのしんいち》
校閲 鷗来堂《おうらいどう》

ISBN978-4-06-539018-4
Printed in Japan

331
SEIKAISHA SHINSHO

次世代による次世代のための

武器としての教養
星海社新書

星海社新書は、困難な時代にあっても前向きに自分の人生を切り開いていこうとする次世代の人間に向けて、ここに創刊いたします。本の力を思いきり信じて、みなさんと一緒に新しい時代の新しい価値観を創っていきたい。若い力で、世界を変えていきたいのです。

本には、その力があります。読者であるあなたが、そこから何かを読み取り、それを自らの血肉にすることができれば、一冊の本の存在によって、あなたの人生は一瞬にして変わってしまうでしょう。思考が変われば行動が変わり、行動が変われば生き方が変わります。著者をはじめ、本作りに関わる多くの人の想いがそのまま形となった、文化的遺伝子としての本には、大げさではなく、それだけの力が宿っていると思うのです。

沈下していく地盤の上で、他のみんなと一緒に身動きが取れないまま、大きな穴へと落ちていくのか？　それとも、重力に逆らって立ち上がり、前を向いて最前線で戦っていくことを選ぶのか？

星海社新書の目的は、戦うことを選んだ次世代の仲間たちに「武器としての教養」をくばることです。知的好奇心を満たすだけでなく、自らの力で未来を切り開いていくための〝武器〟としても使える知のかたちを、シリーズとしてまとめていきたいと思います。

2011年9月

星海社新書初代編集長　柿内芳文

SEIKAISHA SHINSHO